Fatma Amara

Étude, réalisation et calibrage d'une caméra omnidirectionnelle

Fatma Amara

Étude, réalisation et calibrage d'une caméra omnidirectionnelle

Éditions universitaires européennes

Impressum / Mentions légales
Bibliografische Information der Deutschen Nationalbibliothek: Die Deutsche Nationalbibliothek verzeichnet diese Publikation in der Deutschen Nationalbibliografie; detaillierte bibliografische Daten sind im Internet über http://dnb.d-nb.de abrufbar.
Alle in diesem Buch genannten Marken und Produktnamen unterliegen warenzeichen-, marken- oder patentrechtlichem Schutz bzw. sind Warenzeichen oder eingetragene Warenzeichen der jeweiligen Inhaber. Die Wiedergabe von Marken, Produktnamen, Gebrauchsnamen, Handelsnamen, Warenbezeichnungen u.s.w. in diesem Werk berechtigt auch ohne besondere Kennzeichnung nicht zu der Annahme, dass solche Namen im Sinne der Warenzeichen- und Markenschutzgesetzgebung als frei zu betrachten wären und daher von jedermann benutzt werden dürften.

Information bibliographique publiée par la Deutsche Nationalbibliothek: La Deutsche Nationalbibliothek inscrit cette publication à la Deutsche Nationalbibliografie; des données bibliographiques détaillées sont disponibles sur internet à l'adresse http://dnb.d-nb.de.
Toutes marques et noms de produits mentionnés dans ce livre demeurent sous la protection des marques, des marques déposées et des brevets, et sont des marques ou des marques déposées de leurs détenteurs respectifs. L'utilisation des marques, noms de produits, noms communs, noms commerciaux, descriptions de produits, etc, même sans qu'ils soient mentionnés de façon particulière dans ce livre ne signifie en aucune façon que ces noms peuvent être utilisés sans restriction à l'égard de la législation pour la protection des marques et des marques déposées et pourraient donc être utilisés par quiconque.

Coverbild / Photo de couverture: www.ingimage.com

Verlag / Editeur:
Éditions universitaires européennes
ist ein Imprint der / est une marque déposée de
OmniScriptum GmbH & Co. KG
Heinrich-Böcking-Str. 6-8, 66121 Saarbrücken, Deutschland / Allemagne
Email: info@editions-ue.com

Herstellung: siehe letzte Seite /
Impression: voir la dernière page
ISBN: 978-3-8417-4823-2

RESUME

Dans ce travail, il s'agit d'étudier, de fabriquer et de calibrer un capteur de vision Omnidirectionnelle. En se basant sur des approches unifiées, nous adoptons un modèle de formation des images à notre capteur que nous avons fabriqué au sein de notre Ecole Nationale d' Ingénieur de Sousse. Nous avons par la suite procédé du calibrage de ce capteur, c'est-à-dire, l'extraction des paramètres permettant les passages 2D/3D et 3D/2D.

Mots-clés

Vision omnidirectionnelle, traitement d'image, CAO 3D, calibrage.

ABSTRACT

This work deals with a design research, manufacture and calibration of a sensor of omnidirectional vision. Based on unified approaches, a model of image formation is adopted for our sensor which is made in our National School of Engineering of Sousse. We have continued the process by a sensor calibration: extraction of the parameter allowing the 2D/3D and 3D/2D transformations.

Keywords

omnidirectional vision, image processing, CAO 3D, calibration.

DEDICACES

JE DEDIE CE TRVAIL :

*A mes parents, en guise de reconnaissance et de gratitude pour
Les sacrifices qu'ils ont faits.*

*A mes frères Khaoula & Jesser et à mon fiancé Helmi, à qui je dois tout l'amour,
avec tous mes grés pour* leur support moral durant le projet.

A mes ami(e) s, à qui je souhaite le succès, pour l'amitié qui nous a toujours unis.

A tous ceux qui me sont chers.

Fatma

REMERCIEMENT

Je tiens par le biais du présent travail à présenter mes plus forts et sincères remerciements et reconnaissances à M. Khaled KAANICHE pour tout le temps qu'il m'a octroyé et pour tous les conseils qu'il m'a prodigués.

Je veux également exprimer mon profond respect et gratitude à M. Farhat ZEMZEMI, maître assistant au **département Mécanique Avancée,** pour sa patience et son aide persistant au cours de la tâche de fabrication de mon travail.

Aussi, je tiens à adresser mes sincères remerciements à tous les membres du jury qui ont accepté d'évaluer mon modeste travail.

Finalement, je remercie tous ceux qui m'ont aidé, directement ou indirectement, à la finalisation de ce travail.

SOMMAIRE

Liste de figures

Liste de tableau

Introduction Générale

La vision est un sens extrêmement puissant. Les humains le font sans effort, mais n'ont toujours pas complètement compris comment fonctionne la perception. Dans le cas de la perception visuelle, de nombreux chercheurs, des psychologues et des ingénieurs, travaillent sur ce problème complexe. Une composante essentielle de tout système perceptif humain ou artificiel, est la modalité de détection utilisée pour obtenir des informations sur l'environnement. Dans ce contexte, le traitement d'images est une discipline prépondérante nécessitant un intérêt de plus en plus important. En effet, aujourd'hui l'image est utilisée dans notre quotidien pratiquement dans tous les domaines: agriculture, météorologie, médecine, robotique, aéronautique …

Le principal inconvénient d'un système de vision classique, utilisant une camera qui observe directement la scène, est son champ de vue limité. Dans des applications telles que la robotique mobile et la télésurveillance, il est particulièrement important de pouvoir observer l'environnement dans toutes les directions et donc de supprimer le concept de direction du regard. C'est pour pallier cette limitation que la vision omnidirectionnelle a vu le jour puisqu'elle a pour but d'augmenter le champ de vue d'un système de vision pour le rendre le plus grand possible, voire même atteindre un angle de vue de 360°. Il n'est donc pas étonnant que les chercheurs du domaine aient proposé l'utilisation de la vision omnidirectionnelle, par exemple pour la localisation de robot mobile, la navigation, la coopération ou l'évitement d'obstacle. Les roboticiens ont également eu recours à des caméras omnidirectionnelles avec des résultats très réussis sur la localisation des robots, la cartographie, et la navigation aérienne. La vision omnidirectionnelle permet au robot de reconnaître des endroits plus facilement qu'avec les caméras perspectives classiques. En outre, les repères peuvent être suivis dans toutes les directions et sur des périodes de temps plus longues, ce qui permet d'estimer le mouvement et construire des cartes de l'environnement avec une meilleure précision que les caméras standards.

Dans la pratique, un système omnidirectionnel est extrêmement difficile à réaliser car le capteur d'image obstrue généralement une partie du champ de vue. La calibration d'une caméra omnidirectionnelle est une étape, impliquant la mesure métrique de la scène, nécessaire dans presque toutes les applications de robotique avant d'effectuer toute tâche. Pour se faire, de nombreuses méthodes basées sur différents modèles de caméras et se limitant à une forme spécifique de miroir, ont été mises en œuvre. Il s'agit alors de réaliser un capteur de vision omnidirectionnelle, de proposer les outils, adéquats pour la modélisation géométrique et cinématique des informations extraites de l'image et d'extraire les paramètres permettant les passages image/monde et monde/image.

Ce rapport sera divisé en quatre chapitres. Le premier chapitre présente le cadre d'acquisition d'une image omnidirectionnelle et illustre la géométrie caractérisant les caméras catadioptriques. Le second chapitre est consacré pour l'étude théorique des différentes approches possibles de modélisation d'une caméra omnidirectionnelle. Le troisième chapitre met en relief la procédure d'étalonnage contribuée à un modèle choisi avec tous ces détails mathématiques. Le quatrième chapitre décrit les étapes de fabrication de notre caméra omnidirectionnelle, le choix de matérielle ainsi que les différents résultats du travaille. Enfin, nous clôturons par une conclusion et une série de perspectives.

1

Introduction à la vision omnidirectionnelle

Introduction :

L'imagerie des capteurs jouent un rôle important dans l'acquisition de l'image. La structure et le fonctionnement d'une caméra électronique est très similaire à l'œil, qui est le plus souvent utilisé pour acquérir des images du monde réel. Tous deux reposent sur deux éléments principaux: un ensemble de lentille et un capteur d'imagerie. Le système lentille saisit une partie de la lumière émanant d'un objet, et le focalise sur le capteur d'imagerie. Le capteur d'image transforme ensuite le motif de la lumière en un signal vidéo, soit électronique ou neuronal.

Les ingénieurs, les scientifiques et les hommes d'affaires se tournent vers la nature pour toute inspiration de conception. La raison est simple : La nature, à travers des milliards d'années de tâtonnements, a produit des solutions efficaces aux innombrables problèmes complexes du monde réel. Quand les chercheurs souhaitaient construire un dispositif pour obtenir un grand champ de vision, ils ont commencé par poser la question: Y a t-il des systèmes existants avec de telles capacités?

La réponse est oui. En fait, la nature offre un large éventail d'exemples - en particulier dans le royaume des insectes (fourmis, araignées, mouches, etc.) Par exemple, le système de vision des insectes équipés avec des yeux composés sont considérés comme des capteurs omnidirectionnels (*Voir* figure 1.1).Les Yeux composés se retrouvent chez les arthropodes et sont composées de multiples facettes simples qui, selon les détails de l'anatomie, peuvent donner soit une image pixélisée unique ou plusieurs images par œil. Chaque capteur possède son propre objectif et cellule photosensible. Certains ont des yeux jusqu'à 28.000 de ces capteurs, qui sont disposés en hexagone, et qui peuvent donner un plein champ de 360° de vue [1].

Figure1. 1 : L'œil composé de la mouche domestique.

Ce chapitre traite l'état de l'art de l'acquisition de l'image omnidirectionnelle avec des capteurs panoramiques et présente la géométrie caractérisant les systèmes catadioptriques centraux.

1.1 Présentation et procédés technologiques

En science, le terme « vision omnidirectionnelle » se réfère à des capteurs de vision avec un très grand champ de vue (capteur avec un champ de vision horizontal de 360° et un champ vertical de vision variable habituellement entre 60° et 150°). Ainsi, la vision omnidirectionnelle implique la capture et l'interprétation automatique d'images représentant généralement 360° (panoramas horizontaux). Parfois, le champ de vision de la bande peut être aligné verticalement, ou dans tout autre plan, le plus souvent au moyen d'un miroir de déploiement de révolution aligné dans la direction voulue. Les champs de vision hémisphériques (360° de 180°) sont aussi utilisés, habituellement par le déploiement d'un objectif fish-eye. Enfin, des vues séparées peuvent être combinés, formant ainsi la projection sphérique complètement idéale.

De nombreuses applications comme la surveillance, la téléconférence, la reconstruction 3D peuvent bénéficier d'une vue panoramique. La vision panoramique peut également être très avantageusement exploitée dans le cadre d'applications robotiques.

Une seule image panoramique correspond à une série d'images acquises par une caméra conventionnelle. L'accroissement du champ visuel permet ainsi de réaliser des déplacements dans un espace de travail plus important. Dans le cas des images conventionnelles il y a ambiguïté entre une translation et une rotation lorsque l'amplitude du mouvement est faible. L'ambiguïté disparaît dans le cas d'une projection sphérique grâce à l'équivalence entre la vision omnidirectionnelle catadioptrique et la projection sphérique [2]. Cette équivalence sera expliquée en détails dans le chapitre suivant.

Il existe trois techniques principales pour accroître le champ de vision d'une caméra :

La première technique est basée sur l'utilisation de lentilles spécifiques permettant d'élargir le champ visuel d'une caméra conventionnelle.

Les caméras de lentilles spéciales (également appelés caméras fish-eye) sont des systèmes d'imagerie combinant une lentille fish-eye et une caméra conventionnelle. Grace à la lentille fish-eye, on peut acquérir presque une vue hémisphérique (*Voir* Figure 1.2). L'inconvénient est que la résolution des images est très faible à la périphérie malgré qu'elle soit très bonne au centre. Ce qui est inconvenable pour la navigation robot, où les objets à trouver s'allongent sur le sol et apparaissent à l'horizon ou au-dessous du robot. En d'autres termes, la résolution est très bonne pour le plafond, mais pauvres à l'horizon.

Figure1. 2: Lentille Fish-eye.

La seconde solution est basée sur la génération d'une mosaïque à partir d'une série d'images issues d'une ou de plusieurs caméras conventionnelles.

Les caméras composées-œil, exemple de cette procédure, utilisent plusieurs caméras pour prendre des photos dans des directions différentes et puis les assemblent pour produire une vue globale de l'environnement. Les avantages de ces appareils sont la haute résolution qui peut être atteinte et la possibilité de capturer des photos dans directions différentes en même temps. Cependant, leurs inconvénients sont la complexité du système et la nécessité d'un processus d'étalonnage précis.

La mosaïque peut être aussi obtenue à partir d'images acquises par une caméra pivotante autour d'un axe perpendiculaire à son axe optique. Cet exemple de types des caméras et l'image panoramique obtenue sont donnés dans la Figure 1.3. Plusieurs caméras peuvent également être utilisées. En général, l'obtention des mosaïques composées à partir de plusieurs images est très coûteuse en temps de calcul.

Figure1. 3: Caméra panoramique à rotation.

La troisième solution consiste à coupler des miroirs à des imageurs conventionnels. Il s'agit d'observer la projection de l'espace sur le miroir par l'intermédiaire d'une caméra. Cette solution est la plus couramment utilisée. Cette classe de capteurs omnidirectionnels est appelée systèmes catadioptriques [3].

1.2 Prodromes d'un champ de recherche

L'idée de l'omnidirectionalité pour des dispositifs optiques a été exploitée avant le 20ème siècle. Mais le miroir de révolution (un hyperboloïde) qui a été exploité pour la première fois, couplé avec une caméra, a été réalisé par Rees en 1970 [4]. Ensuite, et près 20 ans, Yagi a fait la conception du système COPIS [5]. Ce qui a donné un coup d'accélération aux travaux de recherche dans ce domaine

Le système COPIS, destiné à la navigation de robots mobiles, utilise un miroir conique. Dans le cadre de cette application, l'efficacité de ce système est certaine pour plusieurs facteurs d'intérêt (localisation, détection d'obstacles et évitement d'obstacles). Mais, d'un point de vue optique, le miroir conique n'est pas l'idéal (absence de point de vue unique, astigmatisme (section 1.3.2)). Pour l'application de Yagi, on n'a pas besoin de ces propriétés car l'image est exploitée directement dans le plan d'évolution du robot. Pour d'autres applications nécessitant la reconstruction, on a cherché d'autres formes géométriques pour les miroirs.

En effet, [6] a utilisé un miroir sphérique pour une application de navigation pour comparer les images acquises avec une image de référence. Dans [7], il s'agit d'une autre application développée pour la navigation d'un robot mobile avec un miroir hyperboloïde. Toutes les applications citées et plusieurs d'autres se caractérisent par leur démarche plutôt "empirique". C'est dans [8] que la géométrie (voir la section 1.3) des différentes formes de miroirs panoramiques ainsi que la formation des images obtenues avec ces capteurs ont été étudiées. La théorie du point de vue unique a été déduite. A partir de là, les bases de la compréhension des différences entre les diverses géométries des miroirs et leurs différences optiques (flou, résolution,...) étaient découvertes. A l'issue de cette étude, un capteur omnidirectionnel catadioptrique a été conçu sur la base de deux contraintes :
- ➢ facilité d'implémentation et du calibrage
- ➢ facilité de reconstruction 3D.

Cette mise en évidence des fondations, a donné lieu à toute une série de travaux sur le formalisme, la modélisation, le calibrage et à des applications diverses.

1.3 Systèmes catadioptriques centraux

Un capteur catadioptrique est l'association d'une caméra et d'un miroir de courbure convexe ou concave (la caméra observant le miroir). L'appellation catadioptrique est la concaténation de deux termes : le premier, catoptrique, fait référence à la réflexion de la lumière et désigne donc le miroir. Le second, dioptre, fait référence à la réfraction de la lumière et désigne donc la lentille.

Les fondements théoriques, notamment la définition formelle de la contrainte de point de vue unique, sont posés par Nayar et repris dans l'article de Baker et Nayar. Les capteurs catadioptriques peuvent être classifiés suivant l'unicité ou non du centre de projection. On distingue ainsi deux grandes familles: centraux et non centraux.

La projection induite par une caméra est une fonction de l'espace 3D vers le plan image telle que f : P3 → P2 (*voir* Figure 1.4).

Par contre, l'image inverse d'un point de l'image est une droite dans l'espace [9] (*voir* Figure 1.5).

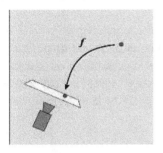

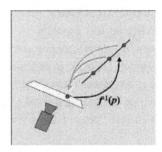

Figure1.4: Projection espace/image.   **Figure1. 5: Projection image/espace.**

Pour plusieurs caméras, toutes ces droites ne possèdent pas nécessairement un seul point d'intersection. Leur enveloppe est appelée caustique et représente le lieu des points de vue : il s'agit d'une projection non centrale (*voir* Figure 1.6).

Si toutes les droites se coupent en un seul point, alors le système a un point de vue effectif unique : il s'agit d'une projection centrale.

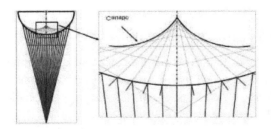

Figure1. 6: Projection non centrale

Si la projection induite par une caméra catadioptrique est au plus une distorsion indépendante de la scène d'une projection perspective, alors ce doit être au moins une projection centrale. Les droites de l'espace s'intersectent aussi au point de vue unique.

1.3.1 Contrainte du point central unique

La contrainte du point central unique implique que pour tous les points de l'espace, leurs rayons incidents sur la surface du miroir passent par le centre de projection et que les rayons réfléchis correspondants passent également par un seul point (centre optique) [10]. Sous cette contrainte, chaque pixel sur le plan image mesure la luminance du rayon réfléchi par le miroir passant par le point central dans une direction particulière et connue. Le calcul de la projection d'un point sur l'image est très simple dans ce cas puisque l'on sait que tous les rayons de projection convergent en un point (*voir* Figure 1 .7).

L'intérêt de tels capteurs est de générer une géométrie perspective correcte ce qui permet une simplification des modèles de projection et donc une simplification des traitements théoriques et pratiques. Cependant, cette condition n'est satisfaite que pour des surfaces réflectrices bien particulières. Baker et Nayar [11] ont déterminé la classe de tous les systèmes catadioptriques centraux. Dans la suite, nous décrivons plus en détail cette classe de capteurs.

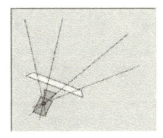

Figure1. 7: Point de vue unique

1.3.2 Géométries existantes des miroirs

Afin de modéliser les différents miroirs qui répondent à la contrainte décrite au point 1.3.1, on représente une simplification géométrique du problème [12]. Sans perte de généralité, soit M un point fixe du système catadioptrique à étudier (point principal) situé à l'origine du repère associé au miroir noté F_m. Soit de même le point C (centre optique de la caméra conventionnelle) placé à l'origine du repère caméra note F_c. La symétrie des surfaces de révolution autour de l'axe Z permet de réduire l'espace $3D$ des coordonnées cartésiennes définies par les axes $\{X, Y, Z\}$ à des coordonnées de dimension 2 définies par les axes $\{R, Z\}$ où R est un axe défini par le vecteur unitaire résultant de la combinaison linéaire des deux vecteurs unitaires définissant les axes X et Y. Nous supposons également les deux axes de symétrie des deux repères F_m et F_c sont confondus.

Soit P un point de l'espace $3D$ de coordonnées $[X \ Y \ Z \ 1]^T$ dans le repère F_m, et de coordonnées $[R \ Z \ ]^T$ dans le repère réduit de dimension de 2 avec $R = \sqrt{X^2 + Y^2}$.

Notons θ l'angle entre l'axe R et le rayon PM issu du point P qui passe par le centre de projection M du miroir. Pour une surface élémentaire du miroir $ds = [dr \ dZ]^T$ dans le repère F_m, le rayon PM coupe la surface du miroir en un point de coordonnées $p = [r \ z]^T$ (*voir* Figure 1.8).

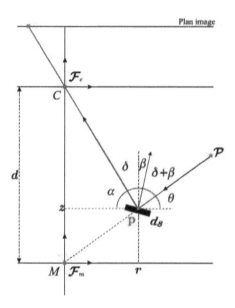

Figure1. 8: Miroir élémentaire avec les contraintes du centre de projection unique.

Géométriquement on a : $tg\theta = \dfrac{z}{r}$ (1.1)

Le rayon incident du point P et réfléchi par la surface du miroir passe par le point C en formant un angle α par rapport à l'axe R du repère miroir réduit en utilisant les coordonnées $[r \ z]^T$. Cet angle vérifie la contrainte suivante : $tg\alpha = \dfrac{d-z}{r}$ (1.2)

Où d est la distance du centre optique de la caméra conventionnelle C au centre de projection M du miroir. En notant β l'angle entre l'axe Z de F_m et la normale à la surface ds au point p, on a :

$$\frac{dz}{dr} = -tg\beta \tag{1.3}$$

Sous l'hypothèse d'une surface de miroir spéculaire, l'angle du rayon incident est égal à l'angle du rayon réfléchi. En notant δ l'angle entre le rayon réfléchi et l'axe Z du repère miroir, on a :

$$\delta = \frac{\pi}{2} - \alpha \tag{1.4}$$

En remplaçant la valeur de δ dans l'égalité θ + α + 2β + 2δ = π, on obtient l'égalité suivante :

$$2\beta = \alpha - \theta \tag{1.5}$$

En utilisant la relation trigonométrique :

$$tg\,(a+b) = \frac{tga + tgb}{1 - tg\alpha\,tg\beta}$$

On peut donc écrire :

$$\frac{2tg\beta}{1 - tg^2(\beta)} = \frac{tg\alpha - tg\theta}{1 + tg\alpha\,tg\theta} \tag{1.6}$$

En introduisant les relations (1.1), (1.2) et (1.3) dans (1.6), on obtient la contrainte du point central unique sous la forme d'une équation différentielle quadratique de premier ordre :

$$r(d - 2z)\left(\frac{dz^2}{dr}\right) - \frac{2(r^2 + dz - z)^2 dz}{dr} + r(2z - d) = 0 \tag{1.7}$$

Après des changements de variables et quelques simplifications, on obtient les deux solutions générales de l'équation (1.7) :

$$\left(z - \frac{d}{2}\right)^2 + r^2\left(\frac{k}{2} - 1\right) = \frac{d^2}{4}\frac{k-2}{k} \text{ , avec } k \geq 2 \text{ (1)}$$

$$\tag{1.8}$$

$$\left(z - \frac{d}{2}\right)^2 + r^2\left(1 + \frac{d}{2k}\right) = \frac{2k+2}{4} \text{ , avec } k > 0 \text{ (2)}$$

Notons que dans l'équation (1.8(1)), les solutions sont complexes pour $0 < k < 2$. Nous ne tenons compte qu'aux solutions réelles des équations (1.8(1)) et (1.8(2)). Ces équations définissent la classe géométrique complète des surfaces de miroir dont les caractéristiques satisfont la contrainte du point central unique.

Les deux paramètres k et d définissent des surfaces appartenant à la famille des sections coniques, plus précisément : plan, cône, sphère, ellipsoïde, paraboloïde et enfin hyperboloïde.

♣ Miroir plan : pour $k = 2$ et $d > 0$

La solution de l'équation 1.8(1) est un plan défini par l'équation $z = \dfrac{d}{2}$. Le miroir plan est perpendiculaire à l'axe Z du repère miroir et il est situé au milieu du segment $[MC]$. Un capteur catadioptrique plan est réalisé en plaçant une caméra perspective face à un miroir plan de telle sorte que son axe optique soit perpendiculaire au miroir et que le centre optique de la caméra F_m coïncide avec le point C (*voir* Figure 1.9). Cette géométrie satisfait la contrainte du point unique central mais n'a pas de grande importance en pratique. Cela est du à l'impossibilité d'accroître le champ visuel en utilisant un tel capteur catadioptrique.

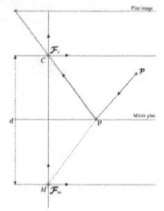

Figure1. 9: Projection catadioptrique avec un miroir plan.

En 1996, Nalwa [13] a utilisé une structure pyramidale de miroirs placée face à un ensemble de caméras, où chaque caméra reçoit l'image de chaque facette réfléchissante (*voir* Figure 1.10(a)). Un positionnement correct des caméras par rapport aux facettes associées permet de générer des images omnidirectionnelles à point central unique et à haute résolution. Un exemple d'une image acquise par une caméra omnidirectionnelle FC-1005 de FullView (*voir* figure 1.10(b)) est donné par la figure 1.10(c).

Kawanishi et son équipe ont proposé une approche similaire à celle de Nalwa. Ils génèrent un capteur permettant d'obtenir des images omnidirectionnelles stéréoscopiques de haute résolution en plaçant dos-à-dos deux structures hexagonales pyramidales de miroirs plans et douze caméras [14]. Ces dernières sont placées de façons que chacune d'elles acquière l'image réfléchie par chaque facette du miroir plan. Ce positionnement conditionne l'unicité ou non du centre de projection. La stéréovision est obtenue par un recouvrement du champ de vision des deux structures dos-à-dos. On peut également obtenir des séquences vidéo en synchronisant soigneusement les caméras.

Une structure quasi identique a été proposée par Hua et Ahuja dans [15]. Ils ont placé les caméras horizontalement face aux miroirs plans pour accroître le champ visuel vertical.

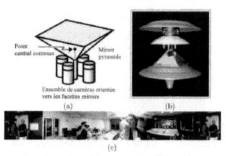

Figure1. 10. Capteur panoramique de Nalwa. (a) arrangement du miroir pyramidale et des caméras. (b) La caméra FC-1005 de FullView Technology. (c) image acquise par la caméra FC- 1005.

En 1990, Gluckman et Nayar ont étudiée la mise en correspondance d'images catadioptriques stéréo en utilisant une caméra et des miroirs plans. Ils ont montré qu'il est possible de reconstruire la profondeur avec une bonne précision. En 1991, ils se sont intéressés à la rectification d'image pour les capteurs catadioptriques stéréoscopiques. La rectification d'une paire d'images stéréoscopiques consiste à aligner les droites épipolaires avec les lignes des images. La géométrie du capteur doit satisfaire plusieurs contraintes afin d'assurer la rectification.

⬥ Miroir conique : pour k >= 2 et d = 0
La solution de l'équation 1.8(1) est un cône. L'équation simplifiée est :

$$z = \sqrt{\frac{k-2}{2}r^2}$$
(1.9)

Le sommet du cône présente le point central de projection. Ce point noté M n'engendre que les rayons tangents à la surface du cône (*voir* Figure 1.11).

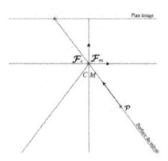

Figure1. 11: Projection catadioptrique avec un miroir conique.

⬩ Miroir sphérique : Pour k>2 et d = 0
La solution de l'équation 2.8(2) est une sphère. La solution simplifiée est donnée par :

$$z^2 + r^2 = \frac{k}{2} \qquad (1.10)$$

Le centre de la sphère, le centre optique, et le point central de projection présentent un même point M (*voir* Figure 1.12). En effet, la caméra conventionnelle observe sa forme interne en se plaçant à l'intérieur de la sphère. La surface sphérique du miroir est généralement utilisée pour concevoir des capteurs catadioptriques non centraux bien qu'elle présente une solution vérifiant la contrainte du capteur catadioptrique central.

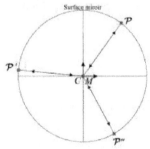

Figure1. 12: Projection catadioptrique avec miroir sphérique.

⬩ Miroir elliptique : Pour k > 0 et d > 0
La solution à 1.8(2) donne une surface elliptique. Son équation canonique est :

$$\frac{1}{a_e}\left(z - \frac{d}{2}\right)^2 + \frac{1}{b_e^2}\, r^2 = 1 \tag{1.11}$$

avec $a_e = \sqrt{\frac{2k+d^2}{4}}$ et $b_e = \sqrt{\frac{k}{2}}$

Afin de réaliser un capteur catadioptrique central, il est possible de combiner un miroir ellipsoïdal avec une caméra perspective. La caméra perspective doit avoir une position bien précise : elle doit être orientée vers l'un des deux foyers (le point central) et son centre optique doit coïncider avec l'autre foyer de l'ellipsoïde (*voir* Figure 1.13).

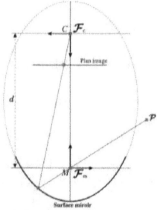

Figure1. 13: Projection catadioptrique avec un miroir elliptique.

⬇ Miroir parabolique : Pour k → ∞, d → ∞

Le miroir parabolique est une solution de l''équation 1.8(1) avec $\frac{d}{k}$ est une constante. L'équation du paraboloïde est donnée par :

$$z = -\frac{x^2 + y^2}{4p} - p \tag{1.12}$$

Où p est un paramètre du paraboloïde (*voir* Figure 1.14). Le centre optique se place à l'infini (d → ∞) vue les conditions limites de cette solution. D'où sa particularité.

Le principe des miroirs paraboliques ressemble bien à celui des antennes paraboliques. Après avoir passé par un seul point (centre de projection), les rayons incidents sont réfléchis parallèlement à l'axe Z du repère miroir (l'axe de symétrie du miroir). Par conséquent, les miroirs paraboliques doivent être combinés avec des caméras orthographiques. D'autre part, si on place la caméra perspective face au miroir à une distance suffisamment grande, les caméras perspectives peuvent également être combinées avec des miroirs paraboliques. De cette façon, les rayons réfléchis seront approximativement parallèles à l'axe de symétrie du miroir. En utilisant cette solution, la résolution des images est très faible.

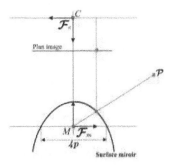

Figure1. 14: Projection catadioptrique avec miroir parabolique.

Nayar est un des premiers à avoir utilisé un miroir parabolique. En 1997, il a présenté un prototype de caméra catadioptrique à miroir parabolique (*voir* Figure1.15) avec un champ de vision égale à une demi-sphère. En 1998, Gluckman et Nayar ont utilisé un capteur catadioptrique à miroir parabolique pour estimer le mouvement. En effet, ils ont adapté les algorithmes d'estimation de mouvement valides pour une caméra conventionnelle à la vision omnidirectionnelle en définissant le flot optique sur une sphère.

Figure1. 15: Capteur catadioptrique à miroir parabolique réalisé par Nayar. (a) un champ de vision qui couvre une demi-sphère. (b) un champ de vision qui engendre toute une sphère.

Ensuite, Gluckman et Al ont développé un capteur stéréo panoramique en alignant deux miroirs paraboliques et leurs caméras orthographiques associées suivant l'axe de symétrie. Le système complet a été étalonné par une méthode itérative. Un calcul de profondeur est réalisé en utilisant la géométrie épipolaire.

Nayar et Peri ont utilisé, en 1999, des miroirs paraboliques pour construire des caméras catadioptriques à point central unique dites croisées. Ils ont souligné en particulier que l'utilisation d'optique croisée permet la réduction de la taille du capteur et l'élimination d'effets optiques non souhaités en raison de la courbure importante des miroirs. Ils ont également montré que tous les capteurs catadioptriques multi miroirs, dont la génératrice est une conique, sont géométriquement équivalents aux systèmes catadioptriques mono miroir.

En 2000, une méthode de reconstruction 3D à partir d'une seule image panoramique, issue d'un capteur catadioptrique central à miroir parabolique, a été proposée par Sturm. La méthode de reconstruction prend en compte les contraintes de la structure 3D (la coplanarité, le parallélisme et la perpendicularité des objets dans l'image) fournies par l'utilisateur. L'auteur a décrit une méthode d'étalonnage simple à partir d'un lissage de cercle au bord de l'image. Il a utilisé, dans l'algorithme de reconstruction proposé, la propriété de la contrainte du point central unique qui permet de recalculer le rayon de projection de chaque point 2D de l'image.

➕ Miroir hyperbolique : Pour k > 0 et d > 0
La solution de l'équation 1.8(1) est le miroir hyperbolique. La réécriture de cette équation est donnée par :

$$\frac{1}{a_h^2}\left(z - \frac{d}{2}\right)^2 - \frac{1}{b_h^2}\, r^2 = 1 \tag{1.13}$$

avec $a_h = \frac{d}{2}\sqrt{\frac{k-2}{k}}$ et $b_k = \frac{d}{2}\sqrt{\frac{2}{k}}$

Dans le cas d'un capteur catadioptrique central à miroir hyperbolique, le centre optique et le point central coïncident avec les deux foyers de l'hyperboloïde (*voir* Figure 1.16). La caméra perspective doit être soigneusement placée par rapport au miroir de telle sorte que son centre optique soit confondu avec l'un des foyers de l'hyperboloïde et que son axe optique passe par l'autre foyer.

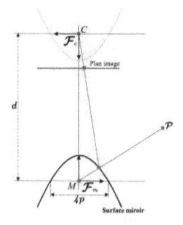

Figure1. 16: Projection catadioptrique avec miroir hyperbolique (p : paramètre du miroir).

Rees fut le premier à concevoir un système catadioptrique à miroir hyperbolique en 1970 lorsqu' il a breveté un prototype de système vidéo panoramique.

En 1993, Yamazawa et son équipe ont proposé un prototype de capteur de vision omnidirectionnelle composé d'un miroir hyperbolique faisant face à une caméra perspective. Son capteur appelé Hyper Omni est présenté par la Figure 1.17. Ils ont utilisé leur capteur, dans des applications robotiques comme la localisation et la détection d'obstacles. Ils ont calculé le flot optique omnidirectionnel pour l'estimation du mouvement d'un robot mobile en exploitant le fait que la composante radiale du flot optique, générée par le miroir hyperbolique, est symétrique. Le capteur HyperOmni a été utilisé également par Shih-Cheih et son équipe avec un capteur ultrason dans des applications de cartographie.

Ollis a analysé une série de configurations stéréo en utilisant deux miroirs hyperboliques combinés avec une ou deux caméras perspectives. La mesure de profondeur est obtenue par triangulation. Le problème de la mise en correspondance est résolu par un algorithme de corrélation tenant compte de la courbure du miroir.

Figure1. 17. Capteur catadioptrique Hyper Omni.

En 2002, Yagi et Yachida ont utilisé un capteur catadioptrique à miroir hyperbolique (pour une vision globale) et deux caméras Pan-Tilt-Zoom (pour une vision locale) dans un système robotique multi-capteurs. Les mouvements dans la scène ont été détectés en temps réel par la caméra catadioptrique. La résolution faible de cette dernière ne permet pas l'analyse des détails de la scène observée. Ce problème est surmonté par un système stéréo de deux caméras conventionnelles à haute résolution. Ce système hybride est capable de surveiller l'environnement et d'acquérir simultanément des images à haute résolution.

Conclusion

Dans ce chapitre, nous avons représenté les différentes manières d'accroître le champ d'observation. Les choix technologiques dépendent étroitement des applications visées. Puis, nous avons expliqué le concept de caméras centrales, caméra possédant un point de vue unique central. L'intérêt de cette contrainte est essentiel parce qu'elle permet l'utilisation des résultats établis en vision classique, ce qui conduit à une simplification des modèles de projection. On peut conclure, des analyses de chaque forme, que seuls les miroirs hyperboliques et paraboliques sont utilisés pour concevoir des caméras catadioptriques à un point central unique. En effet, les miroirs plans ne permettent pas d'accroitre du champ de vision. Les miroirs coniques et sphériques sont généralement des solutions dégénérées pour des systèmes catadioptriques non centraux. Les miroirs elliptiques ne peuvent pas être utilisés en pratique car leur champ de vision est restreint (inférieur à une demi-sphère de l'espace).

Après avoir analysé les différentes formes de miroirs satisfaisant la contrainte du point central unique, en particulier les miroirs paraboliques et hyperboliques, nous présenterons, dans le chapitre suivant, leurs différents modèles de projection catadioptrique adoptés.

2

Modélisation de la caméra catadioptrique centrale

Introduction

Comme évoqué précédemment, un centre de projection unique est une propriété intéressante pour un capteur de vision.

Cela implique que les rayons de projection de points 3D de l'espace sur le miroir passent par un point 3D unique appelé point central. Les caméras perspectives conventionnelles sont des capteurs de vision à centre unique (centre optique).

La modélisation d'une caméra catadioptrique suit la même démarche que celle des caméras perspectives. La différence fondamentale est que les rayons lumineux sont réfléchis par un miroir de révolution. Il faut tenir compte de la nouvelle transformation induite par cette réflexion qui dépend de la surface du miroir. Notre modélisation fera référence aux caméras ayant un point de vue unique dont le principe et la géométrie sont précisément mentionnés en détails.

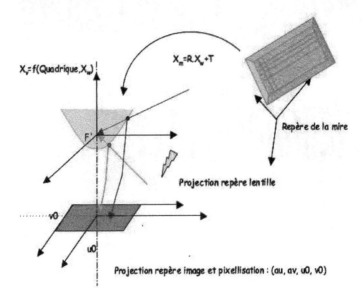

Figure2. 1 : Schéma général de formation des images catadioptriques.

La figure 2.1 présente le schéma des transformations qui considère que l'axe du miroir et l'axe optique de la caméra sont confondus. La forme de la quadrique dépend du miroir utilisé.

2.1 Les modèles ad hoc

La première méthode de modélisation d'un capteur catadioptrique décrit le processus physique de formation des images omnidirectionnelles par utilisation des lois de la réflexion sur la surface du miroir puis en intégrant le modèle de la camera. Cette démarche fournit un modèle mathématique qui n'est pas alors valable pour tous types de miroir. On ne peut l'appliquer que pour le type de miroir pour lequel il a été conçu. C'est pour cette raison que ces modèles sont qualifies de modèles ad hoc [16].

Ces modèles utilisent directement les équations du miroir définies en son foyer ainsi que celles des caméras associées. On prendra l'exemple d'un miroir hyperbolique :
L'équation d'un hyperboloïde dans un repère dont le centre est son foyer :

$$\frac{(z_p + e)^2}{a^2} - \frac{x_p^2 + y_p^2}{b^2} = 1 \qquad (2.1)$$

e représente l'excentricité: $e=\sqrt{a^2 + b^2}$, $a = \frac{1}{2}\sqrt{4e^2 + 4h^2} - 2h$ et $b = \sqrt{h\sqrt{4e^2 + 4h^2} - 2h^2}$

La droite passant par le foyer de l'hyperboloïde et par le point $M(X ; Y ; Z)$, donné dans le repère du miroir est : $x_p = \lambda X$, $y_p = \lambda Y$ et $z_p = \lambda Z$

Ces termes seront remplacés dans l'équation (2.9) et ce qui aboutit aux solutions de λ correspondant aux deux intersections avec le miroir :

$$\lambda = \frac{b^2(-e\,Z \pm a\sqrt{X^2 + Y^2 + Z^2}}{b^2 Z^2 - a^2\,(X^2 + Y^2)} \qquad (2.2)$$

La projection perspective sera de la manière suivante :

$$\frac{x}{f} = \frac{x_p}{2e + Z_p}$$

$$\frac{y}{f} = \frac{y_p}{2e + Z_p} \qquad (2.3)$$

$2e$ correspond à la distance entre les points focaux. (*Voir* Figure 2.2)

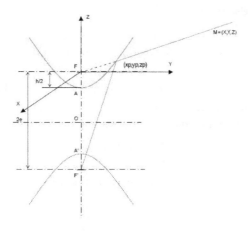

Figure2. 2: Schéma de la formation de l'image d'un point pour un miroir hyperbolique.

On pose $f = 1$ et on remplace les autres variables. On obtient par la suite les coordonnées (x, y) en fonction des paramètres du miroir et des coordonnées du point $3D$:

$$x = \frac{x_p}{2e + Z_p}$$

$$y = \frac{y_p}{2e + Z_p}$$

(2.4)

Puis, on remplace λ, x_p, y_p et z_p afin d'obtenir les coordonnées du point image sur la caméra normalisée :

$$x = \frac{\dfrac{4Xeh/\sqrt{4e^2 + 4h}}{2e}}{\sqrt{4e^2 + 4h^2}\ \sqrt{X^2 + Y^2 + Z^2} \pm Z}$$

$$y = \frac{\dfrac{4Yeh/\sqrt{4e^2 + 4h}}{2e}}{\sqrt{4e^2 + 4h^2}\ \sqrt{X^2 + Y^2 + Z^2} \pm Z}$$

(2.5)

En pratique, le modèle ad hoc est très sensible aux imperfections mécaniques de n'importe quel système de vision utilisé. En effet, le processus de formation des images ne correspond plus aux équations utilisées dans le cas où la contrainte du point de vue unique n'est pas parfaitement respectée.

2.2 Modèles de projection unifiés
2.2.1 Sphère d'équivalence

Il s'agit d'une une théorie d'unification introduite par Geyer [17] et Daniilidis [18]. Cette théorie repose sur l'équivalence entre la projection sur une surface quadrique et la projection sur une sphère. Geyer a démontré qu'il est possible de modéliser les capteurs centraux en utilisant une projection sur une sphère suivie d'une projection sur un plan a partir d'un point dépendant de la forme et des paramètres du miroir. Ce théorème de l'équivalence projective, a donné son nom à la sphère unitaire correspondante : la sphère d'équivalence.

Ainsi, Geyer et Daniilidis ont introduit, un modèle de projection unifié pour l'ensemble des capteurs catadioptriques centraux. Ils ont démontré que l'anamorphose obtenue avec un capteur catadioptrique central est isomorphe à une double projection via la sphère comme illustré sur la Figure 2.3. L'image S d'un point M(X; Y; Z) de la scène 3D, sur la sphère, est obtenue par une projection centrale issue du centre de la sphère O. La projection centrale de S, issue d'un point B appartenant à l'axe de la sphère, donne l'image m(x; y) de M(X; Y; Z) sur l'image omnidirectionnelle.

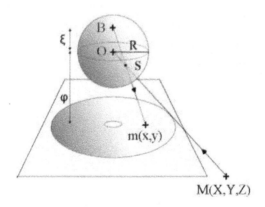

Figure2. 3 : Modèle de projection unifié.

Pour un miroir parabolique, le point B se trouvera sur le pôle nord de la sphère. Pour un miroir elliptique ou hyperbolique, B se situera entre le pôle du nord et le centre de la sphère. Seulement deux paramètres (ξ et φ) sont nécessaires pour associer un point 3D M(X; Y; Z) avec sa projection m(x; y) sur l'image panoramique. ξ représente la distance entre l'image omnidirectionnelle et le centre O de sphère, φ est la distance OB et $R^2 = X^2 + Y^2 + Z^2$.

	ξ	φ
Parabolique	1	1+2p
Hyperbolique	$\dfrac{d}{\sqrt{d^2 + 4p^2}}$	$\dfrac{d + 2p}{\sqrt{d^2 + 4p^2}}$
Elliptique	$\dfrac{d}{\sqrt{d^2 + 4p^2}}$	$\dfrac{d - 2p}{\sqrt{d^2 + 4p^2}}$
Plan	0	1
Conventionnel	0	1
avec	d : distance entre les points focaux	$4p =$ latus rectum

Tableau 2.1 : Les paramètres de projection ξ et φ en fonction des paramètres du miroir.

2.2.2 Modèle de Mei

Mei a repris ce modèle et l'a légèrement améliore. Ainsi, le modèle de la Figure 2.4) est particulièrement intéressant. Il ajoute des coefficients de distorsion au modèle initial, ce qui corrige les imperfections de l'assemblage camera/miroir et des objectifs. Une nouvelle philosophie est apparue : Mei ne considère pas le système catadioptrique comme association de deux éléments (miroir + caméra) mais plutôt comme un unique capteur. Il introduit la notion de focale généralisée qui dépend des paramètres de deux entités du capteur. La focale généralisée permet de réduire le nombre de paramètres à estimer ce qui aboutit, lors du calibrage, à limiter le risque de convergence vers des minima locaux.

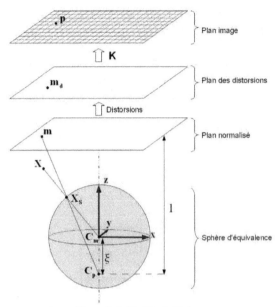

Figure2. 4: Modèle de Mei.

Soit $p = [u \quad v]^T$ la projection d'un point 3D X de coordonnées $[X_m \quad Y_m \quad Z_m]^T$ exprimées dans un repère monde arbitraire. p peut être obtenue en appliquant les étapes suivantes :

> Les coordonnées du point X sont exprimées dans le repère associe au capteur.

Cela est réalisé grâce à une transformation rigide notée W qui dépend de sept paramètres contenus dans le vecteur $V_1 = [q_w \quad q_x \quad q_y \quad q_z \quad t_x \quad t_y \quad t_z]^T$

Les quatre premiers éléments (q_w, q_x, q_y et q_z) sont ceux de la rotation R et les trois suivants ($t_x, t_y,$ et t_z) sont ceux de la translation T. Ainsi, les coordonnées de X dans le repère du miroir sont données par :

$$\begin{bmatrix} X \\ Y \\ Z \end{bmatrix} = R \begin{bmatrix} X_m \\ Y_m \\ Z_m \end{bmatrix} + T \tag{2.6}$$

où

$$R = \begin{bmatrix} q_w^2 + q_x^2 - q_y^2 - q_z^2 & 2(q_x q_y - q_w q_z) & 2(q_x q_z + q_w q_y) \\ 2(q_x q_y + q_w q_z) & q_w^2 + q_x^2 - q_y^2 - q_z^2 & 2(q_y q_z - q_w q_x) \\ 2(q_x q_z - q_w q_y) & 2(q_y q_z + q_w q_x) & q_w^2 + q_x^2 - q_y^2 - q_z^2 \end{bmatrix} \tag{2.7}$$

➤ Le point $X = [X \quad Y \quad Z]^T$, résultat de la projection précédente, est projeté sur la sphère unitaire en $X_s = [X_s \quad Y_s \quad Z_s]^T$.

Ce point subit une seconde projection sur le plan normalisé à partir d'un point situé à une distance ξ du centre de la sphère. Ces deux transformations sont regroupées dans la fonction H dépendant d'un seul paramètre: $V2 = [\xi]$.

On note $m = [\, x \,\, y \,]^t$ la projection de X_s sur le plan normalisé:

$$\begin{bmatrix} x \\ y \end{bmatrix} = \begin{bmatrix} \dfrac{X_s}{Z_s + \xi} \\ \dfrac{Y_s}{Z_s + \xi} \end{bmatrix} \tag{2.8}$$

$$\begin{bmatrix} X_s \\ Y_s \\ Z_s \end{bmatrix} = \begin{bmatrix} \dfrac{X}{\sqrt{X^2 + Y^2 + Z^2}} \\ \dfrac{Y}{\sqrt{X^2 + Y^2 + Z^2}} \\ \dfrac{Z}{\sqrt{X^2 + Y^2 + Z^2}} \end{bmatrix} \tag{2.9}$$

➤ On ajoute, ensuite, au point **m** les distorsions en appliquant la fonction de distorsion **D**.

Cette dernière fait intervenir cinq coefficients : (k_1 , k_2 et k_5) présentant les coefficients de distorsions radiales et (k 3 et k 4) présentant celles tangentielles. Soient $V3 = [k_1 \, k_2 k_3 \, k_4 k_5 \,]^t$ le vecteur de paramètres contenant ces cinq coefficients, $\rho = \sqrt{x^2 + y^2}$ et $m_d = [\, x_d \, y_d]^t$ le point résultant. Les coordonnées de m_d sont obtenues par l'équation :

$$m_d = m + D(m) \tag{2.10}$$

$$m_d = \begin{bmatrix} x(1 + k_1 \rho^2 + k_2 \rho^4 + k_6 \rho^6 + 2k_3 xy + k_4(\rho^2 + \cdots)) \\ y(1 + k_1 \rho^2 + k_2 \rho^4 + k_6 \rho^6 + 2k_4 xy + k_3(\rho^2 + \cdots)) \end{bmatrix} \tag{2.11}$$

➤ La matrice de projection généralisée K aboutit à réaliser la projection finale.

K contient cinq paramètres : la focale généralisée α_u et α_v, les coordonnées du point principal u_0 et v_0 et le paramètre d'obliquité α. Soit $V_4 = [\alpha \,\, \alpha_u \, \alpha_v \, u_0 \, v_0]^t$ le vecteur de paramètres dont dépend cette fonction de projection (K). Ainsi, la projection $p = [u \, v \,]^t$ du point X sur le plan image, est donnée par :

$$p = Km_d \tag{2.12}$$

Avec :

$$K = \begin{pmatrix} \alpha_u & \alpha_u\alpha & u_0 \\ 0 & \alpha_v & v_0 \\ 0 & 0 & 1 \end{pmatrix} \qquad (2.13)$$

Soit $V = [V_1^t\ V_2^t\ V_3^t\ V_4^t]^t$. Ce vecteur contient les 18 paramètres du modèle. La fonction de projection globale, notée $P(V, X)$, est obtenue par composition des différentes fonctions présentées précédemment :

$$P(V, X) = K^o D^o\ H^o\ w(V\ X) \qquad (2.14)$$

Ces étapes permettent d'obtenir la projection d'un point 3D une fois qu'on connait ses coordonnées dans l'espace sur le plan image.

Cependant, il est indispensable, dans le cadre de la reconstruction, de savoir effectuer l'opération inverse $3D$, autrement dit, calculer la direction du rayon lumineux associé à un pixel. Il s'agit de calculer les coordonnées du point, appartenant à la sphère d'équivalence, X_S étant donné les coordonnées $m = [x\ y]^t$ d'un point $2D$ du plan normalisé : C'est la rétroprojection.

Cette opération, aussi appelée *lifting*, peut être accomplie grâce à la transformation inverse de la fonction de projection H :

$$X_s = H^{-1}(m) = \begin{bmatrix} \dfrac{\xi + \sqrt{1+(1-\xi^2)(x^2+y^2)}}{x^2+y^2+1}\ x \\[2ex] \dfrac{\xi + \sqrt{1+(1-\xi^2)(x^2+y^2)}}{x^2+y^2+1}\ y \\[2ex] \dfrac{\xi + \sqrt{1+(1-\xi^2)(x^2+y^2)}\ x}{x^2+y^2+1} - \xi \end{bmatrix} \qquad (2.15)$$

Cette formule permet d'obtenir un vecteur directeur normalisé du rayon lumineux associé au point m. Une nouvelle équivalence projective est validée:

$$X_s = H^{-1}(m) = \begin{bmatrix} x \\ y \\ 1 - \xi\ \dfrac{x^2+y^2+1}{1-\xi+\sqrt{1+(1-\xi^2)(x^2+y^2)}} \end{bmatrix} \qquad (2.16)$$

2.2.3 Modèles polynomiaux : modèle de Taylor

Ces modèles sont un prolongement des travaux initiés par Micusik et Pajdla [19].
Le modèle complet de formation d'image illustrant la projection d'un point X de l'espace à un point u de l'image numérique peut être divisé en trois parties (*voir* Figure 2.5):

➤ une projection centrale du point de l'espace X au vecteur p.
➤ une réflexion, non-perspective de l'optique ou du miroir, décrite par la fonction g transformant p à u''.

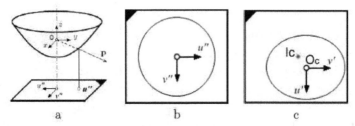

Figure2. 5: (a) système de coordonnées en cas catadioptrique. (b) plan du capteur (paramètre métrique). (c) plan image de la caméra (coordonnées pixels). (b) et (c) sont reliés par une transformation Affine.

➤ un procédé de numérisation transformant le point de u'' (sur le plan du capteur) au point u' (sur le plan de l'image numérique). ($\|u''\| = Au' + t$)

La fonction g vérifie l'équation de la projection :

$$\lambda p'' = \lambda \begin{bmatrix} u'' \\ g(\|u''\|) \end{bmatrix} = P.X \qquad (2.17)$$

avec $g(\|\mathbf{u''}\|) = a_0 + a_1 \|\mathbf{u''}\| + a_2 \|\mathbf{u''}\|^2 + \dots + a_N \|\mathbf{u''}\|^N$ \qquad (2.18)

Les coefficients $a_0, a_1, \dots, a_N$ et le degré N du polynôme sont les paramètres d'étalonnage (ils seront déterminés dans le chapitre suivant).

Cette description polynomiale de g peut être encore simplifiée en considérant que toutes les définitions précédentes de g répondent toujours ce qui suit:

$$\frac{dg}{d\rho}_{/\rho=0} = 0 \qquad (2.19)$$

avec $\rho = \|\boldsymbol{u''}\|$.

Cette simplification nous permet d'imposer $a_1 = 0$ et donc (2.13) peut être réécrite comme:

$$g(\|\mathbf{u''}\|) = a_0 + a_2 \|\boldsymbol{u''}\|^2 + \dots + a_n \|\mathbf{u''}\|^N \qquad (2.20)$$

En conséquence, le nombre de paramètres d'étalonnage réduit de $N + 1$ à N. Notre équation de projection de la caméra omnidirectionnelle centrale peut ainsi être exprimée comme :

$$\lambda p'' = \lambda \begin{bmatrix} u'' \\ g(\|\mathbf{u''}\|) = a_0 + a_2 \|\boldsymbol{u''}\|^2 + \dots + a_n \|\mathbf{u''}\|^N \end{bmatrix} = P.X \qquad (2.21)$$

où $\|u''\| = Au' + t$

Conclusion

Dans ce chapitre, nous avons représenté des différentes méthodes possibles de modélisation d'un capteur catadioptrique. Par définition l'approche paramétrique impose le choix d'un modèle décrivant la fonction de projection effectuée par le système. Ce choix est particulièrement important vu qu'il conditionnera la complexité des algorithmes qu'on peut utilisées et la précision des résultats. Le modèle idéal doit être capable de garantir une précision importante, tout en réduisant le temps de calcul, robuste aux imperfections du système (désalignement entre la camera et le miroir, distorsions induites par les lentilles, *etc.*) et notamment assez générique pour pouvoir utiliser d'autres types de capteurs sans modifier fondamentalement les algorithmes.

Cela nous mène à penser aux modèles génériques, plus particulièrement, à l'approche de Scaramuzza.

3

Calibrage
Omnidirectionnel

Introduction

Ce chapitre concerne l'étude de calibrage d'une caméra catadioptrique ;étape nécessaire à tout système de vision dés lors qu'il est destiné à dimensionner son environnement.

Le calibrage consiste à estimer les paramètres intrinsèques du capteur. Dans le cadre de caméras catadioptriques, ces paramètres sont les paramètres de la caméra à proprement dit, mais aussi les paramètres du miroir utilisé.

Le calibrage étant un domaine très étudié en vision omnidirectionnelle, nous présentons ici les différents types de calibrage possibles pour des capteurs catadioptriques. Ensuite, nous mettons en relief le principe du modèle que nous avons adopté, la démarche d'estimations de différents paramètres, ainsi que la mise en œuvre des algorithmes choisis pour le raffinement d'étalonnage. Puis, nous intégrons le modèle de projection inverse des points pour aboutir à la reconstruction des images perspectives.

3.1 Méthodes d'étalonnage

L'étalonnage précis d'un système de vision, nécessaire pour toute tâche de vision par ordinateur, nécessite d'extraire des informations de mesure de l'environnement à partir d'images 2D. Cependant qu'un certain nombre de méthodes d'étalonnage a été développé pour les caméras perspectives classiques [20,21], peu de travaux sur les caméras omnidirectionnelles a été fait.

Les travaux sur l'étalonnage de caméra omnidirectionnelle peuvent être classés en deux catégories différentes.

> La première inclut des méthodes qui exploitent la connaissance préalable de la scène, comme la présence de mires d'étalonnage [22,23] ou de lignes de plomb [24].

> La deuxième porte sur les techniques qui n'utilisent pas cette connaissance. Cela inclut les méthodes d'étalonnage de rotation pure ou de mouvement plan de la caméra [25], et des procédures d'auto - étalonnage, qui sont effectuées en minimisant une fonction objective à partir de correspondances de points et de contrainte épipolaire.

Toutes les techniques mentionnées permettent d'obtenir des résultats d'étalonnage précis mais se concentrent principalement sur certains types de capteurs (par exemple des miroirs hyperboloïdes et paraboliques ou des lentilles fish-eye). En outre, certains d'entre eux nécessitent un cadre privilégié de la scène et des équipements coûteux [23,25]. Par conséquent, la technique proposée ne peut pas être aisément généralisée à d'autres types de capteurs.

Par contraste avec les techniques mentionnées jusqu'à présent, les méthodes décrites dans [26,27,38] tombent dans la catégorie d'auto-calibrage. Ces méthodes ne nécessitent pas de mire d'étalonnage, ni une connaissance a priori de la scène. La seule hypothèse est la capacité de trouver automatiquement la correspondance des points dans un ensemble d'images panoramiques de la même scène. Ensuite, l'étalonnage est effectué directement par la géométrie épipolaire en minimisant une fonction objective. Dans [27], ceci est réalisé en utilisant un miroir parabolique, alors que dans [26, 28], un objectif fish-eye ayant un angle de vue supérieur à 180° est utilisé. Cependant, les techniques d'auto- étalonnage mentionnés peuvent souffrir en cas de difficultés de suivi et d'un petit nombre de points caractéristiques.

Les méthodes d'étalonnage décrites jusqu'à présent se concentrent sur certains types de capteurs, tels que des miroirs paraboliques et hyperboliques ou objectifs fish-eye. Par contre, dans les dernières années, de nouvelles techniques d'étalonnage ont été développées s'appliquant à toute caméra omnidirectionnelle centrale. Par exemple, dans [28], les auteurs ont étendu le modèle de distorsion géométrique et dans [26], la procédure d'auto-calibrage décrite y comprit des miroirs, des lentilles fish-eye, et des caméras non centrales. Dans [29], les auteurs ont décri une méthode utilisant des invariants géométriques pour les caméras catadioptriques centrales. Ils ont montré que tout système catadioptrique central peut être entièrement calibré à partir d'une image de trois lignes ou plus. Dans [30], les auteurs ont donné une présentation des modèles d'imagerie générale qui englobe la plupart des modèles de projection utilisées en vision par ordinateur et la photogrammétrie , et d'introduire la théorie et des algorithmes pour une notion générique de calibrage. Enfin, dans [31,32] les auteurs ont présenté une méthode d'étalonnage pour calibrer les caméras omnidirectionnelles centrales utilisant un modèle en damier : le modèle unifié d'imagerie introduit par Geyer et Daniilidis.

3.2 Calibrage de la caméra catadioptrique adopté

3.2.1 Principe et modèle de projection des points

Calibrer le capteur consiste à trouver la relation mathématique liant les coordonnées des points $3D$ et leurs projections sur le plan image. La transformation projective inverse nous permet d'extraire les images perspectives virtuelles issues d'une image omnidirectionnelle.

En se basant sur le modèle de Taylor qui a été introduit au point 2.3.2, pour étalonner une caméra omnidirectionnelle nous devons estimer les paramètres $A, t, a_0, a_2, \ldots, a_n$ d'une manière que tous les vecteurs $g(Au + t)$ satisfirent l'équation 2.21.

Avec cette approche, l'estimation de ces paramètres se produit en deux étapes. Dans la première, nous estimons les paramètres affines A et t. Dans la seconde, nous estimons les coefficients $a_0, a_2, \ldots,$ et a_n.

Les paramètres A, t décrivent la « transformation affine » concernant le plan du capteur par rapport au plan de la caméra (Fig. 2.5 (b) et 2.5 (c)). A est la matrice d'étirement et t est le vecteur de translation $O_C C_C$ (Fig. 2.5 (c)). Pour estimer A, t, nous présentons une méthode qui, contrairement à d'autres travaux antérieurs, ne nécessite pas la visibilité de la frontière extérieure circulaire du miroir (esquissé par l'ellipse dans Fig.2.5 (c)). Cette méthode est basée sur un processus itératif procédé qui commence par la mise en A égale à la matrice identité I et $t = 0$. Cette hypothèse signifie que le plan de la caméra et le plan du capteur sont initialement coïncidés. Les éléments de A seront estimés par la suite par le raffinement non linéaire, tandis que t sera estimée par un algorithme itératif de recherche. Cette approche sera détaillée dans les sections 3.1.4 et 3.1.5.

Selon cette étude, à partir de maintenant, nous supposons A = I et t = 0, ce qui signifie u = u. Ainsi, en substituant cette relation dans l'équation (2.21), notre équation de projection peut être lue comme suit:

$$\lambda p'' = \lambda \begin{bmatrix} u' \\ v' \\ a_0 + a_2 \rho'^2 + \ldots + a_n \rho'^N \end{bmatrix} = P.X \qquad (3.1)$$

où $\rho = \| u'' \|$ et u', v' sont les coordonnées du pixel du point image de $\boldsymbol{u'}$.

Seuls les paramètres $a_0, a_2, \ldots, a_n$ sont maintenant à estimer.

A partir de maintenant, on considère que ces paramètres en tant que paramètres intrinsèques.

Au cours de la procédure d'étalonnage, une mire plane de géométrie connue est représentée à différentes positions inconnues et à des orientations liées au système des coordonnées du capteur par une matrice de rotation $\boldsymbol{R} \in \boldsymbol{SO}$ (3) et une translation $\boldsymbol{T} \in \boldsymbol{R^3}$. $\boldsymbol{R}$ et $\boldsymbol{T}$ seront appelées paramètres extrinsèques.

Soit I^i une image observée de la mire d'étalonnage, $M_j^i = [X_j^i, Y_j^i, Z_j^i]$ les coordonnées 3D ses points dans le système de coordonnées de modèle et $m = [u_j^i, v_j^i]$ les coordonnées du pixel correspondant dans le plan image.

Dans cette notation, exposant i indique la tendance observée et l'indice j indique le $j$ème point sur le $i^{ème}$ mire.

Si on suppose que la mire est plane, sans perte de généralité, nous avons $Z_j^i = 0$. Alors, l'équation (3.1) devient:

$$\lambda_j^i p_j^i = \lambda_j^i \begin{bmatrix} u_j^i \\ v_j^i \\ a_0 + a_2 \rho_j^{i^2} + \ldots + a_N \rho_j^{i^N} \end{bmatrix} = P^i . X_j^i = [r_1^i \quad r_2^i \quad r_3^i \quad T^i] . \begin{bmatrix} X_j^i \\ Y_j^i \\ 0 \\ 1 \end{bmatrix}$$

$$= [r_1^i \quad r_2^i \quad T^i] . \begin{bmatrix} X_j^i \\ Y_j^i \\ 1 \end{bmatrix} \qquad (3.2)$$

Où r_1^i, r_2^i et r_3^i sont les vecteurs colonnes de $\boldsymbol{R^i}$.

Par conséquent, afin de résoudre le calibrage de la caméra, les paramètres extrinsèques doivent également être déterminés pour chaque pose de la mire d'étalonnage.

3.2.2 Estimation des paramètres extrinsèques

Avant de décrire comment déterminer les paramètres extrinsèques, nous éliminons la dépendance de l'échelle de profondeur λ_j^i. Cela peut être fait par multiplication des deux côtés de l'équation vectorielle (3.2) par p_j^i:

$$\lambda_j^i . p_j^i \times p_j^i = p_j^i \times [r_1^i \quad r_2^i \quad T^i] . \begin{bmatrix} X_j^i \\ Y_j^i \\ 1 \end{bmatrix} = 0$$

$$\triangleq \begin{bmatrix} u_j^i \\ v_j^i \\ a_0 + a_2 \rho_j^{i^2} + \ldots + a_N \rho_j^{i^N} \end{bmatrix} \times [r_1^i \quad r_2^i \quad T^i] . \begin{bmatrix} X_j^i \\ Y_j^i \\ 1 \end{bmatrix} = 0 \qquad (3.3)$$

Maintenant, concentrons-nous sur une observation particulière i de la mire. L'équation (3.3) permet d'extraire, pour chaque point p_j de la mire, trois équations homogènes (nous avons supprimé exposant i Pour faciliter la lecture):

$$v_j(r_{31}X_j + r_{32}Y_j + t_3) - g(\rho_j)(r_{21}X_j + r_{22}Y_j + t_2) = 0 \qquad (3.4)$$
$$g(\rho_j)(r_{11}X_j + r_{12}Y_j + t_1) - u_j(r_{31}X_j + r_{32}Y_j + t_3) = 0 \qquad (3.5)$$
$$u_j(r_{21}X_j + r_{22}Y_j + t_2) - v_j(r_{11}X_j + r_{12}Y_j + t_1) = 0 \qquad (3.6)$$

On note que ici X_j, Y_j, Z_j sont connus ainsi que u_j, v_j. En outre, on constate que seule (3.6) est linéaire pour les inconnus $r_{11}, r_{12}, r_{21}, r_{22}, t_1, t_2$. Ainsi, en empilant toutes les entrées inconnues de l'équation (3.6) en un vecteur, nous pouvons la réécrire, pour L points de la mire d'étalonnage, comme un système d'équations linéaires:

$$M.H = 0$$

Où $H = [r_{11}, r_{12}, r_{21}, r_{22}, t_1, t_2]^T$

et

$$M = \begin{bmatrix} -v_1 X_1 & -v_1 Y_1 & u_1 X_1 & u_1 Y_1 & -v_1 & u_1 \\ \vdots & \vdots & \vdots & \vdots & \vdots & \vdots \\ -v_L X_L & -v_L Y_L & u_L X_L & u_L Y_L & -v_L & u_L \end{bmatrix} \qquad (3.7)$$

Une estimation linéaire de H peut être obtenue en minimisant le critère de la méthode des moindres carrés $\| MH \|^2$, sous réserve de $\| H \|^2 = 1$. Ceci est accompli en utilisant la décomposition en valeurs singulières (SVD). La solution de (3.7) est connue à un facteur d'échelle qui peut être déterminé uniquement si les vecteurs r_1, r_2 sont orthonormés. En raison de l'ortho-normalité, les entrées inconnues r_{31}, r_{32} peuvent également être calculées de façon unique.

Pour résumer, la première étape de calibration permet de déterminer les paramètres extrinsèques $r_{11}, r_{12}, r_{21}, r_{22}, r_{31}, r_{32}, t_1, t_2$ pour chaque pose i de la mire à l'exception du paramètre de translation t_3 qui sera calculé à l'étape suivante concernant l'estimation des paramètres intrinsèques.

3.2.3 Estimation des paramètres intrinsèques

À l'étape précédente, nous avons exploité l'équation (3.6) pour trouver les paramètres extrinsèques de la caméra. Maintenant, nous substituons les valeurs estimées dans les équations (3.4), (3.5) pour résoudre les paramètres intrinsèques $a_0, a_2, \ldots, a_n$ qui décrivent la forme de la fonction d'imagerie g. Dans le même temps, nous calculons aussi l'inconnu t_3^i pour chaque pose de la mire.

De même pour ce que nous avons décrit ci-dessus, nous classons toutes les entrées inconnues (3.4), (3.5) dans un vecteur et les réécrivons les équations comme un système d'équations linéaires. Mais maintenant, nous intégrons toutes les observations K de la mire. Nous obtenons le système suivant:

$$\begin{bmatrix} A_j^i & A_j^i \rho_j^{i\,2} & \cdots & A_j^i \rho_j^{i\,N} & -v_j^K & 0 & \cdots & 0 \\ C_j^i & C_j^i \rho_j^{i\,2} & \cdots & C_j^i \rho_j^{i\,N} & -u_j^i & 0 & \cdots & 0 \\ \vdots & \vdots & \vdots & \vdots & \vdots & \vdots & \vdots & \vdots \\ A_j^K & A_j^i \rho_j^{i\,K\,2} & \cdots & A_j^i \rho_j^{i\,K\,N} & 0 & 0 & \cdots & -v_j^K \\ C_j^K & C_j^i \rho_j^{i\,K\,2} & \cdots & A_j^i \rho_j^{i\,K\,N} & 0 & 0 & \cdots & -u_j^K \end{bmatrix} \begin{bmatrix} a_0 \\ a_2 \\ \vdots \\ a_N \\ t_3^1 \\ t_3^2 \\ \vdots \\ t_3^K \end{bmatrix} = \begin{bmatrix} B_j^1 \\ D_j^K \\ \vdots \\ B_j^K \\ D_j^K \end{bmatrix} \qquad (3.8)$$

$$A_j^i = r_{21}^i X_j^i + r_{22} Y_j^i + t_2^i$$

avec
$$B_j^i = v_j^i (r_{21}^i X_j^i + r_{22} Y_j^i)$$
$$C_j^i = r_{11}^i X_j^i + r_{12} Y_j^i + t_1^i$$
$$D_j^i = u_j^i (r_{21}^i X_j^i + r_{22} Y_j^i)$$

La solution des moindres carrés linéaire pour l'équation (3.8) peut être obtenue par la méthode pseudo-matrice et ainsi les paramètres intrinsèques $a_0, a_2, \ldots, a_n$ sont déterminés.

Pour calculer le meilleur polynôme de degré N, nous commençons à partir de $N = 2$, puis nous augmentons N de façon unitaire et calculons l'erreur moyenne de projection de tous les points de calibrage. La procédure s'arrête lorsque l'erreur obtenue est inférieure à un seuil donné ϵ.

3.2.4 Raffinement linéaire des paramètres intrinsèques et extrinsèques paramètres

Pour résumer, la deuxième étape de minimisation linéaire décrite dans la section 3.1.2 calculent les paramètres intrinsèques de la caméra ainsi que celui extrinsèque restant t_3^i. Les deux prochaines étapes, qui vont être décrits ici, visent à affiner cette estimation primaire. Ce raffinement est toujours effectué par minimisation linéaire. Dans la section 3.1.5, nous allons appliquer un raffinement non-linéaire basé sur le critère du maximum de vraisemblance. La structure de l'algorithme de raffinement linéaire est la suivante:

> On utilise les paramètres intrinsèques $a_0, a_2, \ldots, a_n$ qui ont été estimés à la section 3.2.2 et on recalcule tous les paramètres extrinsèques $r_{22}, r_{31}, r_{32}, t_1, t_2, t_3$ en résolvant l'ensemble des équations (3.4), (3.5), (3.6). Le problème conduit à un système linéaire homogène qui peut être résolu, à un facteur d'échelle, en utilisant la SVD. Ensuite, le facteur d'échelle est déterminé uniquement en exploitant l'ortho-normalité entre les vecteurs r_1, r_2.

> Les paramètres extrinsèques recalculés dans la première étape sont substituées dans les équations (3.4), (3.5) pour affiner les paramètres intrinsèques. Le problème conduit à un système linéaire, qui peut être résolu comme d'habitude en utilisant la méthode pseudo-matrice.

3.2.5 Détection du centre de distorsion

Une particularité de la technique d'étalonnage utilisée nécessite une minimale interaction de l'utilisateur. Une des caractéristiques qui accomplit cette tâche est sa capacité d'identifier le centre distorsion O_c (*voir* Fig. 2.15 (c)), même lorsque la limite externe du miroir (ou l'objectif) n'est pas visible dans l'image.

Au début de la section 3.1, nous avons fait les hypothèses suivantes pour A et t : $A = I$ et $t = 0$. Ensuite, nous avons dérivé les équations pour déterminer les paramètres intrinsèques et extrinsèques, qui ne sont valables que sous ces hypothèses.

Il faut effectuer de nombreux essais d'étalonnage en utilisant différentes positions du centre et ensuite calculer la somme des erreurs de projection carré (SSRE). La recherche exhaustive du centre de distorsion O_c s'arrête lorsque la différence entre deux endroits du centre potentiels est inférieure à un certain ϵ (généralement $\epsilon = 0,5$ pixels).

L'algorithme est le suivant:

1. A chaque étape de cet itérative de recherche, un nombre fixe d'emplacements de centre candidat est uniformément sélectionné à partir d'une zone d'image donnée.

2. Pour chacun de ces points, l'étalonnage est effectué à l'aide de ce point en tant que position centrale et le SSRE potentiel est calculée.

3. Le point fournissant par le SSRE minimal est pris comme un centre potentiel.

4. La recherche se produit en sélectionnant d'autres emplacements candidats dans la région autour de ce point et les étapes 1, 2 et 3 sont répétées jusqu'à ce que la condition d'arrêt soit satisfaite.

En effet, au début de la section 3.1 on a supposé $A = I$. L'algorithme itératif mentionné ci-dessus exhaustive des recherches sur l'emplacement du centre O_c sans modifier R. La raison de le faire est que l'excentricité de la frontière extérieure de l'image omnidirectionnelle est généralement proche de zéro, ce qui signifie $\approx I$. Par conséquent, on peut estimer A dans une seconde étape en utilisant une méthode de minimisation non-linéaire.

3.2.6 Raffinement non linéaire

La solution linéaire donnée dans les sections 3.1.4 et 3.1.3 est obtenue par la minimisation d'une distance algébrique qui n'est pas physiquement significative. Pour cette raison, on affine les paramètres d'étalonnage par inférence de la probabilité maximale. Supposons qu'il nous donne K images de la mire, chacun des points de coin de L contenant. En outre, nous supposons que les points d'image sont relevés par un bruit indépendant et identiquement distribué. Ensuite, l'estimation du maximum de vraisemblance peut être obtenue par minimisation de la fonctionnelle suivante:

$$E = \sum_{i=1}^{K} \sum_{j=1}^{L} \left\| u_j^i - \hat{u}(R^i, T^i, A, O_c, a_0, a_2, \dots, a_N, X_j^i) \right\|^2 \tag{3.9}$$

Où : $\hat{u}(R^i, T^i, A, O_c, a_0, a_2, \dots, a_n, X_j^i)$ est la reprojection du point monde X^i du l' $i^{ème}$ modèle selon l'équation (3.2) et R^i et T^i décrivent l'orientation et la position de l'objet étalonné. Dans notre implémentation adoptée, R^i est paramétré par un vecteur 3×1 lié à la formule de Rodrigues. Dans la relation 3.9, on intègre à la fois la matrice d'étirement A et le centre de distorsion O_c.

En minimisant la fonction définie dans (3.9), nous trouvons réellement les paramètres d'étalonnage qui minimisent l'erreur de projection. Dans le but d'accélérer la convergence, la minimisation non-linéaire se réalise en deux étapes : La première précise les paramètres extrinsèques tout en ignorant ceux intrinsèques. La deuxième étape utilise les paramètres extrinsèques juste estimés et affine ceux intrinsèques.

Pour se faire, on utilise l'algorithme de Levenberg-Marquadt [33]. L'algorithme nécessite une estimation initiale qui peut être obtenu en utilisant la technique linéaire décrit dans la section 3.2.3. Comme une première estimation de A, on utilise la matrice identité I. D'autre part, pour O_c, la position estimée par la procédure itérative expliquée au point 3.1.4.sera utilisée.)

3.3. Transformation projective inverse

La transformation projective de l'espace 3D à l'image peut être décomposée en trois étapes comme suit :

> étape 1 : Le point X de P3 est, dans un premier temps, projeté sur la surface de la sphère unitaire en un point Xs dont les coordonnées dans Fm sont :

$$X_s = \frac{1}{\rho}[\, X\ Y\ Z]^T \qquad (3.10)$$

Où $\rho = \sqrt{X^2 + Y^2 + Z^2}$. Notons que le rayon de projection Xs passe par le point M et le point 3D X.

> étape 2 : Le point Xs sur la sphère est projeté sur le plan (X Y) du repère miroir Fm par une projection perspective de centre C′ en un point de coordonnées homogènes :

$$x = f(X, \xi) = \left[\frac{X}{Z+\xi\rho} \quad \frac{Y}{Z+\xi\rho} \quad 1\right]^T \qquad (3.11)$$

Notons qu'en multipliant la composante Z par un paramètre supplémentaire ε_s qui prendra la valeur 1 dans le cas général, il est possible d'intégrer la projection sphérique au modèle unifié proposé par Geyer en attribuant la valeur 0 et 1 aux paramètres ε_s et ξ respectivement.

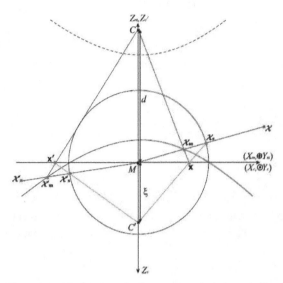

Figure 3. 1 : Modèle de projection avec un miroir hyperbolique.

> ➤ étape 3 : Les coordonnées homogènes x_i du point image exprimé en pixel sont obtenues après une transformation affine plan-à-plan du point 2D normalisé x :
>
> $$x_i = K * x$$ (3.12)
>
> avec $K = K_c * M$

Notons que K_c est la matrice triangulaire supérieure contenant les paramètres intrinsèques de la caméra conventionnelle, et M est la matrice diagonale contenant les paramètres intrinsèques du miroir.

La figure 3.1 montre respectivement l'équivalence géométrique entre la projection catadioptrique du système à miroir hyperbolique combiné avec une caméra perspective.

La transformation inverse permet de trouver le rayon 3D correspondant à chaque pixel de l'image catadioptrique.

Barreto a montré que la fonction non linéaire f est injective et son inverse est donnée par :

$$f^{-1}\left(\underset{x}{\leftrightarrow}, \xi\right) = \left[\lambda_i \underset{x}{\leftrightarrow} \quad \lambda_i \underset{y}{\leftrightarrow} \quad \lambda_i \underset{z}{\leftrightarrow} - \xi\right]^T$$ (3.13)

avec $\underset{x}{\leftrightarrow} = K^{-1} x_i$ et $\lambda_i = \dfrac{\xi \underset{z}{\leftrightarrow} \sqrt{\underset{z}{\leftrightarrow}^2 + (1-\xi^2)(\underset{x}{\leftrightarrow}^2 + \underset{y}{\leftrightarrow}^2)}}{\underset{x}{\leftrightarrow}^2 + \underset{y}{\leftrightarrow}^2 + \underset{z}{\leftrightarrow}^2}$

La fonction f $^{-1}$ ($\underset{x}{\leftrightarrow}$, ξ) est le vecteur directeur du rayon 3D correspondant au point image x_i. Notons que la transformation inverse nécessite l'étalonnage du capteur catadioptrique.

Conclusion

La méthode représentée dans ce chapitre nécessite seulement la caméra pour observer la mire d'étalonnage montrée à quelques positions et orientations différentes. La performance de l'approche est évaluée grâce à des expériences sur des données simulées et réelles. En outre, la mise en œuvre d'une boîte à outils de Matlab, qui met en œuvre la procédure d'étalonnage proposé, sera utilisée dans le chapitre suivant.

4

Solutions Matérielles

et

Résultats

Introduction

Le rôle de l'étalonnage d'un capteur est d'estimer la valeur des paramètres du modèle d'un système afin de connaître exactement le processus de formation des images. Dans notre cas nous nous contentons d'estimer les paramètres permettant de passer d'un point dans un repère métrique spatial aux coordonnées dans l'image, et vice-versa (d'un pixel de l'image à une direction dans l'espace 3D).

La première étape pour faire le montage du système est de choisir un miroir approprié pour la caméra. Dans ce chapitre, nous discutons les caractéristiques qui sont importantes et rendent compte les choix que nous avons faits. Nous illustrons de même les techniques de fabrication du capteur ainsi que les différents stades de son calibrage et ses résultats.

4.1 Solutions matérielles et techniques

4.1.1 Choix et fabrication du capteur

Nous avons présenté dans la section 1.3.2 les différentes formes de miroirs respectant la contrainte du point de vue unique. Le respect de cette contrainte est important pour s'assurer que notre capteur soit central. En théorie, des nombreuses formes de miroirs respectent cette contrainte, mais le positionnement de la camera par rapport au miroir n'est pas toujours réalisable. Ainsi, seules deux configurations sont utilisables pratiquement: le miroir paraboloïde et le miroir hyperboloïde. Le dispositif composé d'un miroir paraboloïde et d'une lentille télé-centrique est particulièrement intéressant puisqu'il permet de s'affranchir de certaines contraintes de positionnement entre la camera et le miroir. Cependant, les lentilles télé-centriques ont l'inconvénient d'être plus encombrantes et d'avoir une distance minimale de travail plus importante que les lentilles perspectives.

Nous avons préféré privilégier la capacité du capteur au détriment de la facilité d'assemblage en utilisant un miroir hyperboloïde. Pour respecter la contrainte du point de vue unique, il faut alors placer la camera précisément par rapport au foyer du miroir. (*voir* figure 1.16)

Pour fabriquer notre miroir, nous avons opté pour un procédé d'usinage complet:

➢ *Conception CAO 3D :*

La première phase de fabrication est consacrée au choix des paramètres de notre miroir hyperboloïde.

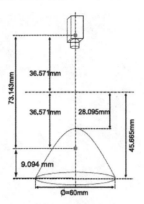

Figure4. 1 : dimensions du système adopté.

Nous avons recouru au logiciel CAO 3D « CATIA » pour faire la conception numérique de cette pièce sous des dimensions précises (*voir* figure 4.1). Après la schématisation de notre hyperboloïde 3D, nous avons générer un code machine (d'extension « .g » dans notre cas).

> ➤ *usinage :*

Pour accomplir la phase de fabrication, il a fallu faire des études sur les machines permettant l'usinage de notre pièce ainsi que les matériaux qu'on doit utiliser.

Nous avons utilisé le TOUR A COMMANDE NUMERIQUE « Intelitek » (*voir* Figure 4.3) ayant un logiciel compilateur du code machine (*voir* figure 4.2).

Le métal choisi est le « LAITON» vue ses propriétés chimiques tolérant l'opération de chromage (pour avoir une surface réfléchissante) et induisant une absorbtion de lumière. Ces propriétés nous garantissent une bonne reflexion (obtenir un miroir).

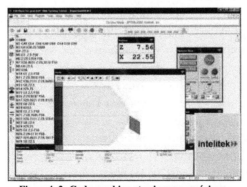

Figure4. 2: Code machine et usinage numérique.

Figure4. 3: Tour numérique "intelitek".

➢ *Chromage :*

Après le stade d'usinage, une phase de traitement de surface est indispensable pour avoir une surface réfléchissante, autrement dit avoir un miroir. Il s'agit de faire le chromage de Laiton. Cette opération a été réalisée par la société « SoTuFab » (Société Tunisienne de Fabrication Bouhjar, Monastir).

Pour avoir une pièce chromée, notre pièce de LAITON subit une chaîne d'opération :

- ⏱ Microbillage: le microbillage permet surtout de nettoyer les parties que l'on ne va pas pouvoir polir (les intérieurs, trous etc.). On obtiendra ainsi un chrome beaucoup plus propre.
- ⏱ Polissage: le polissage est une étape essentielle du chromage. Sans un polissage de qualité le dépôt de chrome n'est pas beau et laisse entrevoir trous, rayures, déformations etc.
- ⏱ Dégraissage: afin d'attaquer la mise aux bains et le cuivrage, il est essentiel que la pièce soit parfaitement dégraissée. Sans un dégraissage de qualité il y a un risque que le traitement ne tienne pas bien et que des cloques apparaissent.
- ⏱ Cuivrage: le cuivrage est essentiel pour améliorer la durée des propriétés anticorrosion de la pièce traitée. Nous déposons au minimum 10 µm de cuivre.
- ⏱ Polissage après cuivrage: le chrome à l'ancienne consiste à repolir la pièce après cuivrage. Cela permet d'écraser le cuivre et de boucher les porosités du métal. Le chrome aura une bien meilleure tenue dans le temps puisque cela évite que de l'humidité soit "emprisonnée" dans les pores du métal.
- ⏱ Nickelage: le nickelage possède les plus grandes propriétés anticorrosion. Nous déposons 10 µm de nickel.

- Chromage: il permet d'éviter que le nickel perde de sa brillance. Un flash de chrome d'environ 1 μm est déposé.
- Une replonge dans l'eau distillée pour un nettoyage final (*voir* Figure 4.4).

Figure4. 4: Pièce au chromage (dernier stade).

> *Montage :*

Notre caméra omnidirectionnelle est l'association du miroir fabriqué avec une caméra perspective fixé sur un robot Koala.

Koala est un robot mobile de taille moyenne conçu pour être utilisé dans plusieurs domaines dont on cite la planification des trajectoires, la recherche, le transport et la reconnaissance des objets.

Le montage de notre capteur est illustré par la figure 4.5.

Figure4. 5: Préparation de la plateforme.

4.1.2 Réglage de point de vue unique

Le réglage du point de vue unique est une procédure algorithmique et mécanique qui permet de s'assurer que le capteur catadioptrique ne possède qu'un centre de projection unique.

Figure4. 6: Illustration du processus de réglage du point de vue unique

Le cercle en pointillé rouge, présenté par la figure 4.6, correspond à la projection théorique de la bordure extérieure du miroir lorsque l'assemblage caméra-miroir respecte la contrainte de point de vue unique. L'objectif est alors de régler mécaniquement le miroir de sorte à faire coïncider la bordure extérieure du miroir réellement observée avec celle pré-estimée.

Zivkovic & Booij [34] proposent une méthode permettant pour un système hyper-catadioptrique de vérifier « au mieux » la contrainte de point de vue unique. Cette procédure permet d'optimiser la projection du miroir sur le plan image. Les connaissances des paramètres intrinsèques de la caméra, de la dimension du diamètre extérieur du miroir et du positionnement relatif du miroir par rapport à la caméra permettent d'estimer la projection de la bordure extérieure du miroir dans le plan image du capteur. La dernière étape consiste en un réglage mécanique du miroir de sorte que sa bordure extérieure coïncide avec la projection pré-estimée.

4.2 Environnement de simulation et protocole d'étalonnage

La raison pour laquelle nous avons mis la Toolbox de Matlab « OcamCalib » est l'habilité de calibrer facilement et rapidement de caméra omnidirectionnelle [35]. Les caractéristiques exceptionnelles de la boîte à outils sont les suivants:

✓ Capacité de calibrer des différents types de caméras omnidirectionnelles centrales sans aucune connaissance sur les paramètres de la caméra ou sur la forme du miroir.

✓ Détection automatique du centre.

✓ Vérification de la qualité du résultat de l'étalonnage par projection des points 3D sur des images d'entrée.

✓ Détection totalement automatique des points d'angles de la mire de calibrage. Après avoir recueilli quelques photos d'un échiquier montré tout autour de la caméra omnidirectionnelle (*voir* Figure 4.7), nous chargeons nos images pour l'étalonnage.

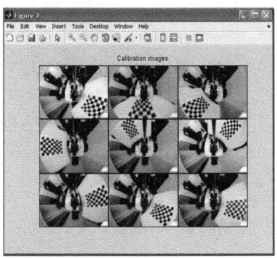

Figure4. 7: Images omnidirectionnelles de calibrage.

Dans la deuxième étape, nous sélectionnons les points d'angle de la mire d'étalonnage à l'aide de la fonction "Extraire les coins de la grille". Nous tentons de trouver tous les points d'angle de chacune des vues (*voir* Figure 4.8). La figure 4.9 nous présente l'orientation des axes x, y et l'origine de l'axe adopté pour l'image n°1.

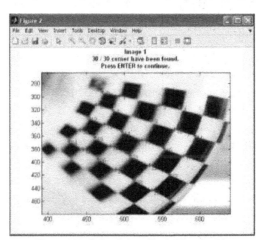

Figure4. 8: Coins de la grille de l'image n°1.

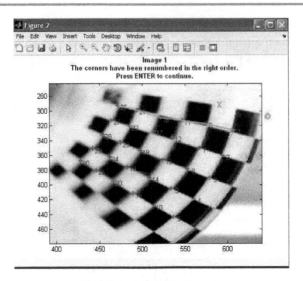

Figure4. 9: Orientation des axes.

Pour faire l'étalonnage, il faut que nous positionnons le centre de nos images. Cette opération peut être appliquée par l'algorithme de détection de centre décrit au point 3.1.4. Le calibrage est effectué en utilisant la technique d'estimation linéaire mentionné à la section 3.1.3.

> ➤ Les coordonnés théoriques du centre sont: $x_c = 240, y_c = 320$. Comparées avec celles du calibrage ($xc = 241, yc = 319$), ces valeurs sont satisfaisantes.
> ➤ La moyenne des erreurs de projection est $\approx 2.5\ pixels$. Ce qui est très élevé par rapport au seuil estimé (0.5 pixel). La valeur 0 de a_0 est une valeur estimée (voir point 2.1.1).
> ➤ Le paramètre du miroir ξ= 0.96 ≈ 0.97 (valeur théorique calculée à partir du tableau 2.1).

Ces résultats ne sont pas tout à fait nuisibles vue la difficulté de positionnement du miroir par rapport à la caméra (problème déjà expliqué au point 4.1) et la subtilité à obéir à la contrainte de point de vue unique.

A la fin de l'étalonnage, nous aboutissons à la courbe de la fonction F, et celle de l'angle THETA du vecteur $3D$ correspondant par rapport à l'horizon (*voir* Figure 4.10).

Tout en s'éloignant du centre, la fonction de projection se croit et a pour conséquence la validation des essais. Nous allons par la suite faire le raffinement du calibrage.

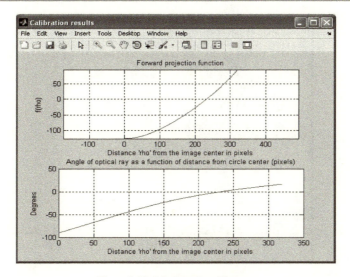

Figure4. 10: Résultats du calibrage.

Pour déterminer les paramètres du calibrage optimal et afin de maximiser la vraisemblance, nous avons recours algorithme de «raffinement d'étalonnage», qui met en œuvre la méthode de minimisation non-linéaire décrite dans la section 3.1.5.
On constate qu'après cette opération, la moyenne des erreurs de projection est diminuée (1.997 < 2.544).

Nous visualisons la position de la grille $3D$ reconstruite dans le repère caméra pour chacun de nos images (*voir* figure 4.11). Nous déterminons, par la suite, la courbe d'analyse des erreurs de projection de chaque point d'étalonnage le long des axes x, y (*voir* figure. 4.12). Les couleurs sont utilisées dans cette figure pour permettre de distinguer les erreurs constatées pour chaque image.

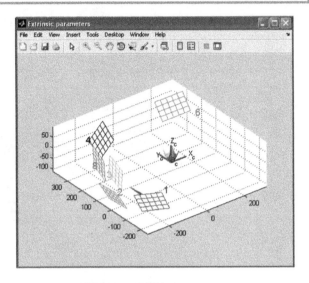

Figure4. 11: Paramètres extrinsèques.

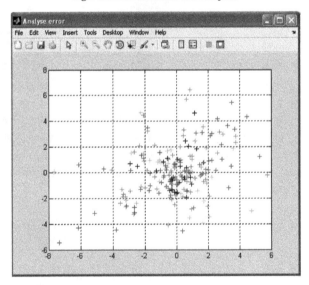

Figure4. 12: Analyse des erreurs.

Nous appliquons la projection de tous les points $3D$ sur les images selon les paramètres raffinées (*voir* Figure. 4.13). Nous vérifions la position de chaque point d'angle que nous avons sélectionné à la main en donnant une vue d'ensemble et notamment les coins.

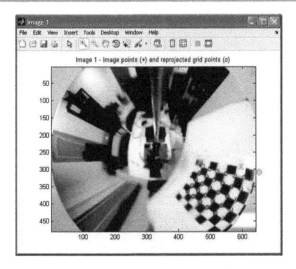

Figure4. 13: Détection des coins et des axes après raffinement de calibrage.

Finalement et pour accomplir la tâche désirée, le passage du plan image vers le plans monde et vis-versa. Nous avons utilisé la matrice de la transformation projective inverse mentionnée dans la section 3.3.

Nous sélectionnons quelques points sur une image parmi celles traitées, et nous cherchons à calculer leurs coordonnées dans l'espace *3D*.

Figure4. 14: Image de test des coordonnées.

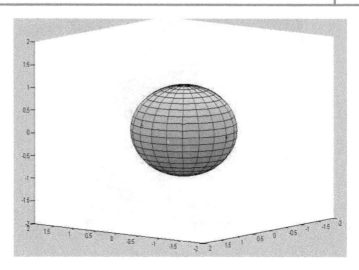

Figure 4. 15 : Projection des points sur la sphère unitaire.

Une première projection sur la sphère unitaire aura lieu pour chaque point de l'image sélectionné. La figure 4.15 présente cette projection pour quelques points distingués par les différentes couleurs. On constate leurs positions sur la surface de la sphère. Alors pour chaque point 2D, une première projection a été vérifiée ($X_s^2+Y_s^2+Z_s^2=1$).

Pour déterminer leurs coordonnées 3D (dans le repère monde), nous avons appliquée la formule de projection inverse avec les valeurs des paramètres trouvées lors d'étalonnage : (ξ=0.96, $x_c = 241, y_c = 319$).

Pour se faire, nous avons choisit 3 images où on a sélectionné 3 points dans des orientations distinctes. Nous avons calculé leurs coordonnées réelles qui ont été représenté sur un plan 3D :

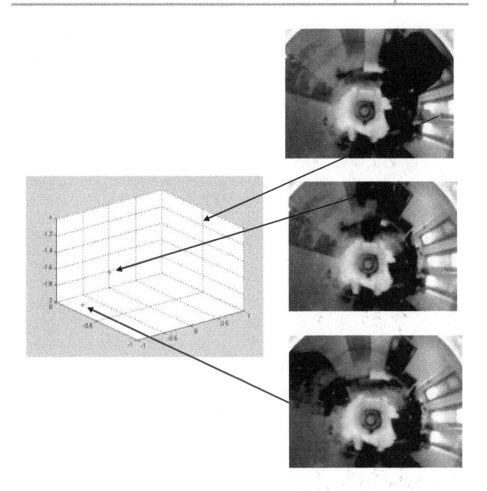

Figure 4.16. Correspondance de coordonnées 3D.

Le tableau 4.1 représente les coordonnées de chaque point sélectionné dans les différentes images de test de la figure 4.16 :

	Coordonnées 2D	Coordonnées 3D
Point_image1	(324,598)	(-0.264, -0.631, -1.224)
Point_image2	(320,22)	(0.147, -0.913, -0.812)
Point_image3	(257, 29)	(-0.915, -0.377, -1.875)

Tableau 4.1 : Coordonnées des points 2D/3D.

Conclusion

La méthode que nous avons utilisée nécessite seulement la caméra pour observer la mire d'étalonnage montrée à des positions et orientations différentes. La caméra ainsi que la grille peuvent être déplacées librement. La connaissance a priori du mouvement n'est pas nécessaire, ni l'initialisation préalable du modèle de la caméra. La performance de l'approche est évaluée grâce à des expériences sur des données simulées et réelles que nous avons adoptées. En outre, une boîte à outils pour Matlab est utilisée pour mettre en œuvre la procédure d'étalonnage. Par rapport aux techniques classiques, qui reposent sur un modèle spécifique de la camera, nous constatons que cette approche est beaucoup plus facile à manipuler.

Conclusion Générale

Dans le domaine de la robotique, la vision omnidirectionnelle est privilégiée car elle augmente le champ de vision des capteurs ce qui permet une meilleur navigation et localisation des robots.

L'étude théorique réalisée sur les capteurs de vision omnidirectionnelle a fourni un ensemble de connaissances favorisant la conception et la réalisation de notre propre caméra catadioptrique.

En outre, les différentes approches proposées, surtout celles généralisées, nous ont largement servi à savoir modéliser notre capteur et choisir la forme de miroir la plus convenable pour accomplir le calibrage dans les plus bonnes conditions possibles.

Les capteurs catadioptriques représentent une solution simple et rapide pour atteindre une vue large satisfaisante. Cependant, à cause de la géométrie des miroirs de révolution utilisés, ces capteurs fournissent des images possédant une résolution non uniforme et entraine des distorsions géométriques. Deux approches sont présentées dans la littérature pour remédier à ces désagréments. La première consiste à traiter les images omnidirectionnelles comme étant des images perspectives, tandis que la seconde utilise des méthodes adaptées à la géométrie des capteurs en travaillant sur des espaces équivalents (Sphère, cylindre).

Par ailleurs, c'est au niveau des phases de fabrication du miroir hyperboloïde que nous avons éprouvé des difficultés. Le choix du matériel et de la machine d'usinage a apporté un bon temps de réflexion et de patience. Aussi bien, le chromage de notre miroir fabriqué a fallu le parcours à la société la plus performante dans ce domaine.

Enfin, dans un contexte plus général, une réflexion peut être menée pour voir comment une telle connaissance du processus de formation des images, peut être utilisée pour le développement des systèmes de navigation autonomes, plus particulier pour la commande des robots mobiles.

En effet, l'extraction des coordonnées réelles (de l'espace) effectuée dans le dernier chapitre favorise la connaissance exacte de l'environnement ainsi que les différents directions et orientations. Cela nous mène à améliorer notre travail en pensant d'une part à la vision stéréoscopique et d'autre part à des applications de cartographie assurant une navigation autonome des robots mobiles.

Bibliographie

[1] Adan SALAZAR-GARIBAY, *Direct Self-Calibration of Central Catadioptric Omnidirectional Cameras*, Thèse, l'École Nationale Supérieure des Mines de Paris, septembre 2011.

[2] Hichem Hadj-Abdelkader, *Asservissement visuel en vision omnidirectionnelle, Thèse*, Ecole Doctorale Sciences Pour l'Ingénieur de Clermont-Ferrand, Novembre 2006.

[3] Bertrand VANDEPORTAELE, *Contributions à la vision omnidirectionnelle: Étude, Conception et Étalonnage de capteurs pour l'acquisition d'images et la modélisation 3D*, thèse, École doctorale d'Informatique et télécommunication, Décembre 2006.

[4] D. REES, *Panoramic television viewing system*. United States Patent, 1970.

[5] Y. YAGI and S. KAWATO, *Panoramic scene analysis with conic projection, IROS90*, 1990.

[6] J. HONG, X. TAN, B. PINETTE, R. WEISS and E.M. RISEMAN, *Image-based homing*. In Proceedings of IEEE International Conference on Robotics and Automation, pages 620 -625, April 1991.

[7] K. YAMAZAWA, Y. YAGI and M. YACHIDA, *Omindirectional imaging with hyperboliodal projection*. In *IROS93*, pages 1029-1034, 1993.

[8] S.K. NAYAR and S. BAKER, *Catadioptric image formation*, In *IUW 97*, 1997.

[9] J.C. Bazin, C. Demonceaux and P. Vasseur, *Fast central catadioptric line extraction*, IbPRIA'07.

[10] Joao P. Barreto, *General Central Projection Systems, modeling, calibration and visual servoing*, these, Département de génie électrique et informatique, février 2003.

[11] Simon Baker, Shree K. Nayar, *Panoramic Imaging: Sensors, Theory, and Applications: Single Viewpoint Catadioptric Cameras*, Université de Columbia, Département Informatique.

[12] H. Hadj-Abdelkader, Y. Mezouar, N. Andreff, P. Martinet, *Visual Servoing with Central Catadioptric Cameras*, IEEE/RSJ International Conference on Intelligent Robot and Systèms, IROS 2005, pp. 2342-2347, Alberta, Canada, août 2005.

[13] V. Nalwa. – *A true omnidirectional viewer*. – Technical report, Bell Laboratories, 1996.

[14] T. Kawanishi, K. Yamazawa, H. Iwasa, T. Takemura, N. Yokoya. – *Generation of high-resolution stereo panoramic images by omnidirectional imaging sensor using hexagonal pyramidal mirrors*. – Int. Conf. on Pattern Recognition, pp.485–489, 1998.

[15] H. Hua, N. Ahuja. – *A high-resolution panoramic camera* – CVPR (1), 2001.

[16] El Mustapha Mouaddib, *Introduction à la vision panoramique catadioptrique* Introduction to the catadioptric panoramic vision*, CREA – Université de Picardie Jules Verne, Manuscrit reçu le 30 septembre 2005.

[17] Christopher Geyer and Kostas Daniilidis, *A Unifying Theory for Central Panoramic Systems and Practical Implications*,University of Pennsylvania, GRASP Laboratory, Pennsylvania, PA 19104.

[18] C. Geyer & K. Daniilidis, *Mirrors in motion: Epipolar geometry and motion Estimation*, In IEEE International Conference on Computer Vision, 2003.

[19] D. Scaramuzza, A. Martinelli, and R. Siegwart, *A flexible technique for accurate omnidirectional camera calibration and structure from motion*, In IEEE International Conference on Computer Vision Systems, New York, USA, Janvier 2006.

[20] R. Hartley and A. Zisserman, *Multiple View Geometry in Computer Vision*. Cambridge University Press, 2004.

[21] Z. Zhang, *A flexible new technique for camera calibration*, IEEE Transactions on PAMI, 2000.

[22] C. Cauchois, E. Brassart, L. Delahoche, and T. Delhommelle, *Reconstruction with the calibrated syclop sensor*, in Proceedings of the IEEE International Conference on Intelligent Robots and Systems (IROS2000), 2000.

[23] H. Bakstein and T. Pajdla, *Panoramic mosaicing with a 180° field of view lens*, in IEEE Workshop on Omnidirectional Vision, 2002.

[24] C. Geyer and K. Daniilidis, *Paracatadioptric camera calibration, IEEE Transactions on Pattern Analysis and Machine Intelligence, vol. 24, pp. 687–695, mai 2002.*

[25] J. Gluckman and S. Nayar, *Ego-motion and omnidirectional cameras*, in 6th International Conference on Computer Vision, 1998.

[26]B. Micusikand T. Pajdla, *Estimation ofomnidirectional camera model from epipolar geometry*, in *CVPR*, juin 2003.

[27] S. Kang, *Catadioptric self-calibration*, in *IEEE* International Conference on Computer Vision and Pattern Recognition, 2000.

[28] B. Micusik and T. Pajdla, "Para-catadioptric camera auto-calibration from epipolar geometry," in *Asian Conference on Computer Vision*, 2004.
[29] X. Ying and Z. Hu, *Can we consider central catadioptric cameras and fisheye cameras within a unified imaging model?*, in European Conference on Computer Vision (ECCV), Lecture Notes in Computer Science, Springer Verlag, mai 2004.

[30] P. Sturm and S. Ramaligam, *A generic concept for camera calibration*, in European Conference on Computer Vision (ECCV2004), 2004.

[31] C. Mei and P. Rives, *Calibrage non biaise d'un capteur central catadioptrique, RFIA*, January 2006.

[32]C. Mei and P. Rives, *Single view point omnidirectional camera calibration from planar grids*, in IEEE International Conference on Robotics and Automation, April 2007.

[33] D. Marquardt, *An algorithm for least-squares estimation of nonlinear parameters*, Journal *SIAM* en Mathématique Appliquée, 1963.

[34] Nicolas RAGOT, *Conception d'un capteur de stéréovision omnidirectionnelle : architecture, étalonnage et applications à la reconstruction de scènes 3D*, Ecole Doctorale Sciences Physiques, Mathématiques et de l'Information pour l'Ingénieur, Septembre 2009.

[35] D. Scaramuzza and R. Siegwart, *A new methodand toolbox for easily calibrating omnidirectional cameras*, Conférence Internationale en système informatique de vision (ICVS 2007), Atelier des Méthodes d'étalonnage de caméra pour les systèmes informatique de vision *(CCMCVS'07)*, Mars 2007.